高校商务日语课程教学与跨文化交际能力培养

李明姬 ○ 著

吉林出版集团股份有限公司

图书在版编目（CIP）数据

高校商务日语课程教学与跨文化交际能力培养 / 李明姬著 . — 长春：吉林出版集团股份有限公司，2024.

7. — ISBN 978-7-5731-5414-9

Ⅰ . F7

中国国家版本馆CIP数据核字第 20244HR709 号

高校商务日语课程教学与跨文化交际能力培养
GAOXIAO SHANGWU RIYU KECHENG JIAOXUE YU
KUAWENHUA JIAOJI NENGLI PEIYANG

著 者	李明姬	
责 任 编 辑	曲珊珊	
封 面 设 计	中尚图	
开 本	710mm×1000mm	1/16
字 数	168千	
印 张	11	
版 次	2024年7月第1版	
印 次	2024年7月第1次印刷	

出 版 发 行	吉林出版集团股份有限公司
电 话	总编办：010-63109269
	发行部：010-63109269
印 刷	天津中印联印务有限公司

ISBN 978-7-5731-5414-9　　　　　　　　　定价：59.00 元

在全球化的今天，国际交流与合作日益频繁，商务日语作为连接中日两国的重要语言工具，其地位和作用越发凸显。在这样的时代背景下，商务日语课程应运而生，成为培养国际化商务人才的重要途径之一。

商务日语课程旨在培养学习者掌握扎实的商务日语语言知识，提升学习者的商务实践能力和跨文化交际能力。通过系统学习商务日语基础知识、商务礼仪、沟通技巧、谈判策略等内容，学习者不仅能够用日语进行流畅的商务沟通，还能在复杂的国际环境中灵活应对各种挑战。

本书通过系统研究高校商务日语课程与跨文化交际能力培养的关系，为商务日语教育改革提供了新的思路和方法。第一章主要介绍了商务日语课程的起源与发展、目标与内容，第二章探讨了跨文化交际能力的定义、内涵及构成要素，第三章分析了商务日语课程的教学内容、教学方法，第四章分析了商务日语课程与跨文化交际能力的互动关系，第五章提出了构建跨文化交际能力导向的商务日语课程体系，第六章展望了商务日语课程的发展趋势。

在撰写过程中，著者力求做到内容翔实、语言易懂，为高校商务日语教学提供一定理论指导与实践借鉴，同时也期待更多的有志之士加入商务日语教育的行列中，为培养具备国际视野和跨文化交际能力的复合型人才贡献力量。

李明姬

2024 年 4 月

目　录

第一章

高校商务日语课程概况

第一节　商务日语课程的起源与发展

一、商务日语课程的起源

在经济全球化的趋势下，随着国际贸易的快速发展市场对商务日语人才的需求也日益增加。因此，商务日语课程应运而生，旨在培养具备商务日语知识和技能的实用型人才。

早期的商务日语课程主要针对国际贸易领域的从业人员，为他们提供商务日语方面的知识和技能。随着商务日语课程的不断发展，其教学内容和教学方法也在不断改进和完善。目前，商务日语课程的教学内容主要包括商务日语基础知识、商务礼仪、商务沟通技巧、商务谈判技巧等方面的知识。同时，商务日语课程也注重培养学生的实际应用能力，如商务邮件写作、商务会议参与、商务谈判等。

商务日语课程的发展背景还包括日本经济的崛起和日本文化的传播。日本的经济实力和科技水平在世界上具有较高的地位。随着中日两国在文化、教育、经贸等领域的交流与合作不断加深，商务日语课程逐渐受到越来越多人的关注和重视。

除了经济和文化因素的影响，商务日语课程的发展还受到了教育政策、市场需求等因素的影响。教育政策方面，国家对于职业教育和技能培训的重视程度不断提高，为商务日语课程的发展提供了更多的机遇和空间。市场需求方面，随着中国经济的快速发展和国际化程度的提高，越来越多的企业开始注重国际化战略，对商务日语人才的需求也日益增加。

对于商务日语课程的学习者来说，除掌握商务日语知识和技能外，还需要注重自身实践应用能力的培养。可以通过参加实践活动、模拟商务谈判、参与商务会议等方式来锻炼自己的实际应用能力。同时，学习者还需要不断学习和掌握新的商务知识和技能，以适应不断变化的市场需求。

总之，商务日语课程的发展是经济全球化趋势下的必然产物，不仅为学习者提供了掌握商务日语知识和技能的平台，更为他们打开了通往国际化职业道路的大门。通过不断学习和实践，商务日语人才将在国际舞台上展现出卓越风采。

二、商务日语课程的发展历程

（一）早期阶段

在早期阶段，商务日语课程的教学目标主要是让学生掌握日语基础知识和基本技能，包括语法、词汇、阅读、写作等方面的内容，注重培养学生的商务谈判、文书写作、商务礼仪等实际应用能力。

在教学方法和手段上，教师通常采用案例分析、角色扮演、小组讨论等形式帮助学生理解商务日语知识，鼓励学生参加商务实践活动，增强学生的实际操作能力和对商务日语的感性认识。

这个阶段的课程注重培养学生的跨文化交际能力，让学生了解不同国家和地区的文化差异和商务礼仪。在规划课程内容时，也会根据学生的学习兴趣、职业规划不断调整课程内容和教学方法，确保学生能够获得最佳的学习体验和效果。

（二）扩展阶段

随着中日两国商务往来日益增多，商务日语成为高等教育体系中的一门重要课程，有着更加广泛的应用领域，如企业管理和市场营销等。这一阶段的课程与之前相比，教学目标更加明确。

在这一阶段，商务日语课程注重培养学生的商务日语基础知识、基本技能的传授，以及商务日语在各个领域的应用，如商务谈判、文书写作、市场营销等。这意味着学生不仅要掌握日语语法、词汇和表达，还要了解商务领域的专业术语和惯用表达方式，以便在商务活动中能够更加熟练地运用日语。

商务日语课程应注重培养学生的跨文化交际能力。商务活动通常涉及不同文化背景下的商业合作，教师应引导学生了解不同文化背景下的商务礼仪、交流方式和商业习惯等，帮助学生适应不同文化背景下的商务活动。

商务日语课程应注重培养学生的实践能力。教师需要为学生提供更多的实践机会，以便他们在实际应用中不断积累经验，提高自身的技能水平。

结合教学目标，教师重点关注以下方面。

教师需要不断更新教学内容和教学方法，以适应不断变化的商务环境。随着商务领域的不断发展，新的商务术语、表达方式和商业习惯不断出现，教师需要及时更新教学内容和方法，以便学生能够掌握最新的商务知识和技能。

教师需要注重培养学生的自主学习能力和团队合作精神。商务活动通常需要较强的团队合作和较强的沟通能力，因此培养学生的自主学习能力和团队合作精神对于他们在商务活动中取得成功至关重要。教师可以通过小组讨论、案例分析、角色扮演等方式来培养学生的自主学习能力和团队合作精神。

教师需要注重与其他学科的交叉融合。商务日语课程不仅是语言教学，还涉及经济、管理、营销等学科领域。教师需要与其他学科的教师合作，共同设计教学内容和方法，以便学生能够更好地掌握跨学科的技能和知识。

（三）更新和发展

随着新技术的不断涌现，商务日语课程也在持续更新和发展，以适应现代商务活动对语言的需求。教师应注重运用现代信息技术挖掘更为丰富的学习资源，把现代信息技术当作学生学习的有力工具，引导学生积极参与课堂教学，提高学生的综合素养。

1. 运用现代信息技术和教学方法

在线学习、互动式教学、情景模拟等现代教学方法在商务日语课程中得到了广泛应用。这些方法可以提高学生的参与度，增强学生的学习体验，并帮助他们更好地理解和掌握商务日语知识。在线学习平台提供了丰富的学习资源，学生可以根据自己的节奏和时间安排进行学习。互动式教学则强调学生与教师、学生与学生之间的交流和互动，以提高他们的口语表达和沟通能力。情景模拟则可以让学生在实际场景中运用所学知识，提高他们的实际应用能力。

2. 注重培养学生的自主学习能力

为了更好地适应未来的职业发展，商务日语课程应注重培养学生的自主学习能力。学生需要具备自我驱动、自我管理和自我评估的能力，以便在未来的工作中不断学习和进步。教师可以通过设置学习任务、提供学习资源和指导，帮助学生培养自主学习的习惯和能力。

3. 与其他学科的交叉融合

商务日语课程不仅关注语言本身的学习，还注重与其他学科的交叉融合。例如，国际贸易、市场营销、企业管理等学科的知识和技能可以与商务日语课程相结合，以提高学生的学习效果和综合素质。通过跨学科的学习，学生可以更好地理解商务活动的整体流程和背景，提高他们的社会竞争力和适应能力。

4. 更新课程内容

为了适应现代商务活动对语言的需求，商务日语课程应不断更新课程内容。教师需要及时关注行业动态和最新研究成果，将最新的商务日语知识和技能纳入课程中。此外，教师还可以根据学生的需求和反馈，对课程内容进行调整和优化，以满足学生的学习需求和提高教学效果。

5. 加强实践教学

商务日语课程需要加强实践教学，以提高学生的实际应用能力。教师可以通过模拟商务场景、组织实践活动、邀请企业专家举办讲座等方式，为学生提供更多的实践机会。学生可以在实践中锻炼自己的口语表达、沟通协作、跨文化交际等能力，以此提高自身的职业素养和社会竞争力。

第二节　商务日语课程的目标与内容

一、商务日语课程的教学目标

（一）培养学生的商务日语综合能力

听说能力。学生通过听力训练和口语练习提高商务日语口语水平，体会商务场景下的对话，学习使用商务日语中的专业术语和行业用语进行交流，包括自我介绍、业务讨论、合同签订等。

读写能力。学生将学习商务日语的写作技巧，包括商务信函、报告、合同等。学生将学习如何撰写清晰、简洁、专业的商务日语文本，并了解商务日语的文体和格式。此外，学生还将学习如何阅读和理解商务日语文本，包括商业新闻、报告、市场研究等。

翻译能力。学生将学习商务日语的翻译技巧，包括词语和句子的转换、专业术语的翻译，以及如何处理中日文化及表述思维的差异。

综合能力培养。学生将学习商务日语的文化背景和商务礼仪，了解日本商业环境和文化特点。此外，学生还将学习如何处理商务谈判、商业合作、客户关系等实际问题，培养自身的沟通技巧和团队合作能力。

（二）提高学生的跨文化交际能力，了解日本文化和社会

1.思维方式

日本人的思维方式与西方人不同，他们更注重细节和情感，注重和谐和平衡。了解日本人的思维方式可以帮助商务日语专业的学生更好地理解他们

的需求和期望，从而更好地与他们交流和合作。

2. 价值观

日本文化强调集体主义和忠诚，重视人际关系和人际关系的重要性。只有尊重日本的传统价值观，才能与日本客户建立良好的合作关系。

3. 礼仪和惯例

日本文化有许多独特的礼仪和惯例，如鞠躬、点头、礼节性握手等。商务日语专业的学生需要了解这些礼仪和惯例，并学会在商务场合中适当地应用它们以示尊重。

4. 语言和非语言沟通

日语中有许多特殊的表达方式和习惯用语，商务日语专业的学生需要了解这些语言和非语言沟通方式，尤其注意非语言沟通，如面部表情、身体语言和语调等，以便更好地与日本人交流。

5. 商务环境和文化差异

日本商务环境有其独特的文化背景和规则，如等级制度、权力距离、时间观念等。商务日语专业的学生需要了解这些差异，并学会适应这些规则，以便更好地与日本客户合作。

6. 培养跨文化意识

跨文化意识是提高跨文化交际能力的基础。商务日语专业的学生需要意识到不同文化之间的差异，并学会尊重和接受这些差异。这种意识的培养可以通过参加文化讲座、观看相关电影、阅读相关书籍等方式实现。

7. 实践和案例分析

通过模拟商务场景和案例分析，学生可以更好地了解如何在实践中应用所学的知识和技能。这可以帮助学生将理论知识转化为实际操作能力，提高学生的跨文化交际能力。

（三）培养学生的商务沟通能力，能够进行有效的商务谈判和交流

1. 建立良好的商务关系

在商务环境中，建立良好的人际关系是成功的关键。通过课程的学习，学生将了解如何与不同的人建立联系，如何通过语言和非语言手段来表达尊重和信任，以及如何倾听和理解对方的观点和需求。这将有助于在谈判中获得更好的结果，并在交流中建立信任。

2. 有效的沟通技巧

商务沟通需要清晰、准确和有说服力的语言。通过课程的学习，学生将了解如何使用适当的语言和表达方式来传达信息，如何理解对方的理解程度，以及如何使用非语言手段（如身体语言和面部表情）来增强沟通效果。此外，学生还将学习如何倾听和理解对方的反馈，并及时做出适当的回应。

3. 处理商务谈判中的冲突和分歧

商务谈判中不可避免地会出现冲突和分歧。通过课程的学习，学生将学习如何识别和处理潜在的冲突、如何以积极的态度面对分歧、如何用谈判技巧来达成共识、如何提出和接受谈判方案、如何在谈判中保持自信和冷静。

4. 商务礼仪和跨文化交际

商务环境中的礼仪和跨文化交际也是商务沟通的重要组成部分。通过课程的学习，学生将了解不同文化背景下商务礼仪的差异，并学习如何在不同文化背景下进行有效的沟通和交流。这将有助于学生更好地适应不同的商务环境，并与对方建立成功的商务关系。

5. 实践案例分析和模拟谈判

为了加强学生的实践技能，商务日语课程将提供实践案例分析和模拟谈判的机会。学生将有机会分析真实的商务案例，并应用所学知识来解决实际问题。此外，学生还将参加模拟谈判练习，以锻炼他们的谈判技巧和应对压力的能力。

二、商务日语课程的教学内容

（一）词汇和语法

商务日语课程主要包括词汇和语法两方面。在词汇方面，学生需要学习贸易、财务、营销等类型的商务词汇。

在语法方面学生需要掌握商务日语的语法结构、时态、语气等，以便应用在各种情境中。教师通常会采用一些有趣的教学方法和活动帮助学生更好地理解和掌握词汇和语法。例如，教师可以采用情景模拟的方法，让学生模拟参与商务谈判、商务会议，更好地了解商务日语的用法和语境；使用多媒体设备进行教学，增强学生的学习体验和效果。

此外，商务日语课程还需要注重培养学生的实际应用能力。学生需要了解在不同的商务场合中如何恰当地使用日语，如商务谈判、商业交流、客户沟通等；加强了解商务礼仪等方面知识，提高自身的职业竞争力和社交能力。

（二）听力

教师通常会使用商务报告、商业新闻、商务视频等听力材料，采用听力训练、对话模拟、小组讨论等方式进行教学，帮助学生熟悉商务日语的实际应用场景，提高学生的应用能力和反应能力。

商务日语涉及贸易、投资、金融、法律等领域，听力训练是商务日语课程的重要组成部分，有助于学生掌握日语的语音、语调、语速，提高学生的理解能力、表达能力及反应速度，使学生能够流畅地应用日语，为学生未来的职业生涯打下坚实的基础。

（三）口语

口语课程旨在提高学生的商务日语口语表达能力，使学生能够更好地适应商务环境，与日本客户进行有效的交流和沟通。

口语课程以口语练习为主，通过各种商务场景的模拟和实战训练，帮助学生提高口语表达的准确性和流利度。教师会采用各种口语练习方法，如商务谈判、会议发言、客户沟通等场景，通过角色扮演、模拟对话等形式，让学生参与其中，模拟真实商务环境中的交流，提高其口语表达能力和应对能力。

学生需要学习如何用商务日语进行有效交流和沟通，掌握商务日语的常用表达方式和术语，了解日本商务文化、礼仪等方面的知识。同时，学生还需要了解不同文化背景下的交流方式和沟通技巧，以适应不同国家和地区的商务环境。

除口语练习外，口语课程还涉及商务日语阅读、写作等方面的内容，帮助学生全面掌握商务日语的听、说、读、写技能。学生可以通过阅读商务日语文章、写作商务信函等方式，提高自己的商务日语水平，更好地适应商务环境中的各种需求。

通过该课程的学习，学生可以获得以下方面的收获。

1. 提高商务日语口语表达能力，能够准确、流利地进行商务交流。

2. 掌握商务日语的常用表达方式和术语，能够更好地应对商务环境中的各种需求。

3. 提高跨文化交际的能力，了解不同文化背景下的交流方式和沟通技巧。

4. 全面掌握商务日语的听、说、读、写技能，能够更好地适应商务环境中的各种挑战。

（四）阅读

商务日语课程的阅读训练对于提高学生的商务日语阅读理解能力具有重要意义。通过阅读训练，学生不仅可以扩大词汇量、提高阅读速度和理解能力，还可以培养自身对商务信息的分析和判断能力，为未来的商务活动打下坚实的基础。

在我国，虽然对阅读教学的研究起步较晚，但研究理论非常广泛。20世纪60年代以来，国内学者便着眼于阅读教学的理论和实践研究。学者对阅读的研究主要集中在图式理论、阅读过程和阅读方法上[1]。20 世纪 80 年代中期，魏在江提出了语言与交际的新理论——概念转喻，主张丰富教学内容，使教育方式多元化，从不同角度启发学生阅读学习，为阅读教学改革提供理论支持[2]。2010 年，何梦玮认为应在元认知策略的指导下强化学生的阅读技巧以及提高学生的阅读理解能力，并且要求学生运用不同阅读策略解决阅读难题，通过反复训练提高学生的阅读能力[3]。

阅读训练可以扩大学生的词汇量。商务日语词汇往往具有特定的含义和用法，通过阅读训练，学生可以接触到更多的商务词汇，加深对这些词汇的理解和掌握。此外，通过阅读训练，学生还可以了解商务领域的常用表达方式和句式结构，提高语言表达的准确性和流畅性。

阅读训练可以提高学生的阅读速度和理解能力。商务日语阅读材料通常包括商业新闻、市场报告、企业文件等，这些材料往往具有较高的信息密度，阅读训练可以提高学生的阅读速度，使学生快速理解资料信息。

阅读训练可以培养学生的分析和判断能力。商务领域的许多问题都需要进行深入的分析和判断，而这种能力是可以通过阅读训练来培养的。通过阅读训练，学生可以学会如何从复杂的商务信息中提取关键信息、进行逻辑推理与批判性思考等。这些能力对于学生未来的商务活动至关重要。

阅读训练有助于提高学生的跨文化交际能力。商务活动涉及不同文化背景下的交流和合作，因此学生应了解不同文化背景下的商务习惯和礼仪，运用阅读训练提高自己的跨文化交际能力，从而更好地适应不同的商务环境。

---

[1] 何树声.中学生英语阅读与学习策略的关联性调查研究[J].课程教学研究，2016：（02）.

[2] 魏在江.概念转喻与英语阅读教学[J].外语界，2009（1）：71-77.

[3] 何梦玮.运用元认知策略提高英语学习者对英语阅读的兴趣[J].海外英语，2010（08）：439-440+450.

（五）写作

商务日语课程对于培养学生的写作能力具有重要意义。本课程旨在教授学生如何用商务日语撰写各种商务文件，如商业信函、合同、报告等，并提高写作的准确性和规范性。通过本课程的学习，学生将掌握商务日语写作的基本技巧，提高商务沟通的效果和效率。

本课程将教授学生商务日语的基本语法和表达方式，让学生了解商务日语的特点和使用规范。在此基础上，学生将学习如何撰写各种商务文件，如商业信函、合同、报告等。这些文件需要清晰、简洁、准确、规范地表达商业信息和需求，因此需要掌握正确的语言表达和写作技巧。

商业信函是商务沟通中最常见的形式，本课程将教授学生如何撰写商务信函，包括开头、称呼、正文、结尾等各个部分的格式和表达方式。学生需要了解商业信函的写作原则和规范，如礼貌用语、行文简洁、主题明确等，同时注意信函的语言表达和措辞。

合同是商务活动中重要的法律文件，本课程将教授学生如何撰写商务合同，包括合同条款、格式、语言表达等方面的知识和技巧。学生需要了解合同的基本概念和法律要求，同时注意语言表达的准确性和规范性。

报告是商务活动中常见的总结和汇报形式，本课程将教授学生如何撰写商务报告，包括报告结构、语言表达、数据分析和结论等方面。学生需要了解报告的写作原则和规范，同时注意语言表达的准确性和客观性。

除了以上各种形式的商务文件，本课程还将教授学生如何使用商务日语发送电子邮件、创建备忘录等日常商务沟通的形式。这些形式的写作也需要遵循商务沟通的原则和规范，如使用礼貌用语、行文简洁、主题明确等。

除了理论知识的学习，本课程还将提供写作指导和反馈，帮助学生提高写作水平。教师将根据学生的写作情况进行针对性的指导和建议，帮助学生发现和解决问题，提高写作水平。同时，学生也可以通过相互之间的交流和讨论，互相学习对方的优点，共同提高写作水平。

第三节　商务日语课程的特点

一、实用性

（一）听、说、读、写技能的全面提升

商务日语课程注重学生听、说、读、写技能的全面提升。除了基础知识的学习，课程还通过大量的听说训练，使学生能够与日本客户进行顺畅的交流和沟通。此外，课程还注重商务文件的书写和阅读，使学生能够准确理解和表达商务信息。这种全面的培养方式有助于学生提高商务日语的实际应用能力，使他们更好地适应商务环境。总的来说，商务日语课程不仅注重培养学生的语言能力，还注重丰富学生的商务知识和培育其文化素养，使他们能够更好地适应现代商务环境。

（二）将理论知识与实际应用相结合

商务日语课程强调将理论知识与实际应用相结合。通过案例分析、角色扮演、小组讨论等方式，使学生了解商务环境中的实际问题，并引导学生运用所学知识解决实际问题。这种教学方式有助于学生将理论知识转化为实际应用能力，增强他们的自信心。此外，教师还可以定期组织实践活动，如商务谈判、商务会议等，让学生在实际操作中锻炼商务日语运用能力，加深对商务日语的理解和应用。

（三）跨文化交际能力的提升

商务日语课程还注重培养学生的跨文化交际能力。通过文化对比、礼仪培训等方式，能使学生了解日本文化，并尊重和适应日本商务环境中的礼仪和习惯。这种能力有助于学生更好地与日本客户进行交流和合作，建立良好的人际关系。同时，教师还可以引导学生思考不同文化背景下商务交流的差异和挑战，帮助他们更好地应对跨文化交际中的各种问题。此外，学校还可以组织学生参加国际交流活动，如海外商务考察、国际会议等，让学生在实践中锻炼自己的跨文化交际能力，增强自己的国际视野和竞争力。因此，通过全面的教学设计和实践活动，商务日语课程不仅能帮助学生掌握商务日语学习技能，还能培养他们的跨文化交际能力和商务素养，使他们能够在现代商务环境中更好地发挥自己的作用。

二、跨文化交际

（一）了解日本文化和社会背景知识

商务日语课程的核心目标是培养学生的跨文化交际能力，因此了解日本的文化和社会背景知识是学生学习的基础和关键。日本是一个具有独特文化和社会环境的国家，了解这些知识有助于学生更好地理解日本人的思维方式和行为惯例，从而避免误解和冲突，实现有效沟通。本书建议在课程中加入以下内容。

1. 日本的历史和文化

日本是一个拥有悠久历史和丰富文化的国家。它的建国史可以追溯到公元前660年神武天皇建立日本国，历史上经历了多次政治变革和与异国文化的交流碰撞。日本传统文化元素包括和服、茶道、花道、武士道等，这些传统文化深深地影响了日本人的思维方式。

在日本的传统文化中，尊重长辈、谦虚有礼、注重细节和团队协作等品质被认为非常重要。日本人通常非常注重人际关系和社交礼仪，他们尊重彼此的意见和想法，常通过沟通和协商解决问题。此外，日本文化中也强调家庭和家族的重要性，家庭成员之间的关系通常非常紧密，会互相支持和照顾。

在教育孩子方面，日本人也非常注重培养他们的责任感。家长通常会鼓励孩子参与家庭事务和社区活动，培养他们的团队协作和沟通能力。这种教育方式有助于培养孩子的社会责任感和公民意识，使他们能够更好地适应社会发展和建立人际关系。

通过了解日本的历史和文化，学生可以更好地理解日本人的思维方式，并学会如何与日本人交往和交流。这有助于学生更好地适应日本社会和文化环境，并在未来的学习和相关工作中取得更好的发展。

2. 日本的社会结构

日本是一个高度发达的国家，拥有独特的社会结构、家庭关系和人际关系。日本社会注重秩序和规则，人们通常遵守各种规章制度和社会规范。这种社会结构有助于维护社会的稳定和安全，减少犯罪和冲突的发生。

在家庭关系方面，日本家庭通常非常重视亲情和家族荣誉。这种家庭关系有助于培养孩子的社会责任感和公民意识，使他们能够更好地适应社会和人际关系。

人际关系方面，日本人通常非常注重诚实、尊重和信任。他们通常不会轻易地表达自己的意见和想法，而是通过沟通和协商来解决问题。此外，日本人还非常注重团队合作和集体主义精神，他们通常会积极参与团队活动和工作，并努力为团队的成功做出贡献。

通过了解日本的社会结构、家庭关系和人际关系，学生可以更好地理解日本人的行为习惯和社交规则，并学会如何与日本人交往和交流。

3. 日本的语言和沟通方式

日本人注重语言表达的方式和措辞，他们通常会使用委婉、谦虚和礼貌的语言来表达自己的意见和想法。这种语言表达方式有助于建立良好的人际关系和社会秩序。

在沟通方式上，日本人通常非常注重倾听和理解对方的意见和想法。他们通常会通过沟通和协商来解决问题，并试图达成共识。此外，日本人还非常注重时间观念和效率，他们通常会提前安排时间和计划，并尽可能地遵守约定的时间和期限。

通过了解日本人的语言习惯、表达方式和沟通风格，学生可以更好地应对与日本人的语言交流，并学会如何在与日本人交往中建立良好的人际关系。

（二）商务礼仪和交流技巧

商务礼仪和交流技巧是跨文化交际的重要组成部分。在课程中，教师应该教授一些基本的商务礼仪，如着装、称呼、商务谈判等。同时，课程也应该教授一些交流技巧，如倾听、表达、沟通等，这些技巧能够帮助学生更好地适应不同的商务环境。以下是一些建议：

1. 表达清晰准确

在日本文化中，表达清晰准确是非常重要的。日本人非常注重沟通和交流的效率和准确性，他们认为清晰的表达可以避免误解和不必要的麻烦。因此，在教育学生时，应该教授他们如何用简洁明了的语言表达自己的观点，避免使用模糊或冗长的表述方式。通过这样的训练，学生们可以更好地理解对方的意图，从而更好地沟通和合作。

2. 尊重他人

在日本文化中，尊重他人是非常重要的。日本人非常注重礼仪和礼貌，他们认为尊重他人是一种基本的社交礼仪。因此，在授课时，应该教授他们如何尊重对方的意见和感受，并尽量避免冲突。通过这样的训练，学生们可以更好地与他人相处，建立起更加良好的人际关系。

3. 善于倾听

在日本文化中，善于倾听是非常重要的技能。日本人非常注重听取他人的意见和建议，他们认为倾听可以更好地理解对方的需求和想法。因此，课程应包含教授他们如何倾听对方的需求和意见，并给予积极的反馈。通过这样的课程内容，学生们可以更好地了解对方的想法和感受，从而更好地进行合作和解决问题。同时，他们也应该学会在倾听时保持耐心和理解，不要打断对方或随意发表自己的观点。

（三）中日文化差异对商务合作的影响

了解不同文化背景下的商业理念、决策方式、工作风格等差异，有助于学生更好地预测和应对可能出现的文化冲突，促进合作关系的稳定和发展。

1. 商业理念

忠诚是日本企业精神的价值核心。日本人尊重和信任他们的上级和同事，尽力完成自己的工作。这种忠诚不仅是对企业的忠诚，也是对个人的忠诚。

信任是日本企业文化的精髓。日本人在做决策时往往更注重长期合作和稳定的伙伴关系，而不是短期利益。他们倾向于与可信赖的伙伴建立长期的合作关系。

尊重是日本商业理念的重要内涵。日本人尊重他人的意见和想法，愿意倾听不同的声音，这有助于建立一个开放、包容和多元化的工作环境。

2. 决策方式

日本人决策方式与许多西方国家有所不同。他们的决策过程通常更注重集体的参与和讨论，而不是个人的快速决策。这种决策方式有助于避免个人偏见和错误，并确保决策的全面性和准确性。

日本人通常会花费大量时间来评估各种选择，不会仓促做出决定。与日本人合作时，我们应该尊重他们的决策过程，积极提出自己的建议，以便更好地了解他们的想法和观点。

3. 工作风格与团队合作

日本人的工作风格是注重细节、沟通和协调，这与许多西方国家的工作文化有所不同。他们强调团队合作和集体精神，认为每个人都应该为团队的成功做出贡献。

日本人非常注重细节和精确性。他们认为细节决定成败，因此他们会在工作中仔细检查每个细节，这种工作风格有助于减少错误的发生。

日本人非常重视沟通和协调。他们认为良好的沟通和协调是团队合作的关键。他们经常通过讨论和协商来解决问题。

对于学生来说，了解并适应日本人的工作风格和团队合作方式是非常重要的。在与日本人合作时，学生应该积极参与团队合作，并尊重团队成员的观点，努力与团队成员建立良好的协作关系。

（四）全球化趋势下的跨文化交际需求

1. 开拓全球视野

在全球化日益加深的今天，拥有全球视野对于个人和社会的发展都至关重要。为了开拓学生的全球视野，教师应引导学生了解全球合作发展趋势及跨国商务活动对全球经济的影响，提高学生的跨文化敏感度，使学生能够理解和尊重不同文化之间的差异，与来自不同文化背景的人进行友好交流。

开设跨文化交际课程。通过学习跨文化交际课程，学生可以了解不同文化之间的差异和共性，掌握跨文化交际的基本技巧。

组织跨文化交流活动。通过跨文化交流活动学生能亲身感受不同文化的魅力，提高跨文化敏感度。

参与国际商务交流项目。通过参与国际商务交流项目，学生可以开拓自己的国际商务视野，提高跨文化交际能力。

2. 加强实践

为了提高学生的跨文化交际能力，仅仅了解不同文化的差异是远远不够的。我们还需要鼓励学生通过亲身经历来提高他们的跨文化交际能力。以下是加强实践的方法。

组织实践活动。如商务谈判、商务会议、商务旅行等，这些实践活动可以让学生亲身参与跨国商务活动，提高他们的跨文化交际能力。

参与国际志愿者项目。通过参与国际志愿者项目，学生可以与来自不同文化背景的人一起工作和生活，增强他们的跨文化交际能力。

利用在线平台进行实践。现在有很多在线平台提供跨国商务实践的机会，如跨境电商、跨国物流等。学生可以通过这些平台进行实践，提高他们的跨文化交际能力。

（五）教师和学生共同推动跨文化交际的发展

教师和学生应共同努力，推动跨文化交际的发展。教师需要不断更新知识和教学方法，以适应不断变化的商务环境。学生应积极参与课堂讨论和实践，通过亲身经历和反思来提高自己的跨文化交际能力。教师和学生可以通过以下方式共同推动跨文化交际的发展。

1. 定期组织讨论会

教师可以通过定期组织讨论会，邀请学生分享自己在跨文化交际中的经验和收获，共同探讨如何更好地应对不同文化的挑战。这种讨论会可以帮助学生更好地了解不同国家的文化和交际方式，同时也可以提高学生的跨文化交际能力。

2. 鼓励学生参与国际交流项目

学校可以鼓励学生参与国际交流项目，如交换生计划、海外实习、国际会议等，使其通过亲身经历了解不同国家的文化和交际方式。这种亲身经历可以帮助学生更好地理解不同文化背景下的交际方式，提高自己的跨文化交际能力。

3. 合作开展研究

教师可以通过与海外院校和研究机构合作开展研究项目，共同探讨跨文化交际的课题。这种合作不仅可以帮助学生深入了解不同国家的文化和交际方式，同时也可以提高教师的学术水平和研究能力。此外，教师还可以鼓励学生参加相关的学术研讨会和论坛，拓宽自己的视野和知识面。

三、实践性

（一）实践性强

商务日语作为一种实践性很强的语言，应从以下方面加强教学。

商务环境模拟。商务日语教学应该注重模拟商务环境，让学生在实际操作中了解商务谈判、商业信函、合同签订等方面的内容。通过模拟商务环境，学生可以更好地掌握商务日语的运用技巧，提高实际应用能力。

实战训练。商务日语教学应该注重实战训练，让学生通过实际操作来掌握语言能力，提高实际应用能力。教师可以引导学生参加商务实践活动，如商务谈判、商业信函写作、合同签订等，让学生在实际操作中学习和提高。

团队协作。商务活动通常需要团队协作，商务日语教学也应该注重培养学生的团队协作能力。教师可以组织学生分组进行商务实践活动，如商务谈判小组、商业信函写作小组等，让学生在团队协作中学习和提高语言运用能力。

案例分析。商务日语教学应该注重案例分析，让学生通过分析实际案例来了解商务日语的应用技巧和注意事项。教师可以引导学生分析一些成功的商务案例，让学生了解商务日语在实际应用中的成功经验和不足之处，从而更好地掌握商务日语的运用技巧。

语言文化背景。商务日语教学应该注重语言文化背景的介绍和讲解，让学生了解中日两国之间的文化差异和商务礼仪等方面的知识。只有了解语言文化背景，才能更好地运用商务日语进行交流和沟通。

口语训练。商务日语口语训练也是实践性强的特点之一。教师可以通过角色扮演、对话练习等方式，让学生在实际交流中掌握口语技能，提高口语表达能力。

（二）多种多样的教学方式

商务日语课程中的教学方式多种多样，包括角色扮演、案例分析、小组讨论等。这些方式可以帮助学生更好地理解和掌握商务日语，提高实际应用能力。

角色扮演可以帮助学生更好地了解商务谈判和业务拓展的实际操作过程，从而更好地掌握商务日语的运用技巧。

案例分析可以帮助学生了解商务谈判和业务拓展的技巧，通过案例分析，学生可以更好地掌握商务日语的应用技巧。

小组讨论可以帮助学生相互学习和借鉴，共同提高商务日语的应用水平。通过小组讨论，学生可以相互交流经验，分享学习心得，共同探讨商务日语的应用技巧。

（三）提高学生的实际应用能力

1. 使学生掌握商务日语的运用技巧

实践训练可以通过模拟商务场景，让学生在实际操作中更好地掌握商务日语的运用技巧。通过反复练习和实践，学生可以更好地掌握商务日语的语法、词汇和表达方式，提高口语和书面表达能力。

2. 提高学生的学习积极性

实践训练可以让学生在实际操作中感受到商务日语的实际应用价值，从而激发学生的学习积极性和主动性。通过实践训练，学生可以更好地了解商务日语的实际应用场景和需求，从而更好地掌握商务日语的运用技巧。

3. 适应未来的工作环境

实践训练可以帮助学生更好地了解商务环境，了解不同企业的经营理念和管理方式，从而更好地适应未来的工作环境。通过实践训练，学生可以更好地了解不同行业和企业的商务交流方式和沟通技巧，从而更好地应对未来的职业挑战。

4.增强实际应用能力

实践训练是增强学生实际应用能力的重要途径之一。通过实践训练，学生可以运用所学知识进行实际操作，并在实践中不断发现和解决问题。学生可以通过实践训练不断提高自己的商务日语实际应用能力，从而更好地应对未来的职业挑战。

5.培养学生的团队合作精神和沟通能力

实践训练通常需要学生之间的合作和沟通，这可以培养学生的团队合作精神和沟通能力。在实践训练中，学生需要相互配合、协作和交流，这可以帮助学生更好地了解团队合作的重要性，并提高自己的沟通和协作能力。

（四）培养团队合作精神

每个人都有自己的专长，团队合作可以更好地发挥每个人的优势，提高工作效率和工作质量。在团队合作中，学生能学习如何与他人和谐相处、有效沟通，解决分歧和冲突；了解商务日语的实际应用场景，与来自不同文化背景的人士合作，培养跨文化交际能力；学习如何领导团队、分配任务、协调资源、解决问题等。

通过实践训练，学生能深刻认识到团队合作的重要性，培养责任心和团队合作精神。

四、专业性

（一）商务专业知识教授

商务日语课程是商务领域中非常重要的一个环节，不仅要求学生掌握基本的日语语法和词汇，还需要学生了解商务专业知识，以便更好地适应商务环境，并为其发展奠定基础。

商务日语课程强调商务专业知识的学习。商务日语是一门综合性语言，涉及商务领域的各个方面，如贸易、金融、市场营销等。因此，商务日语课程需要涵盖更多的商务领域专业知识，包括商务日语语法、词汇、商务信函写作、商务谈判技巧、商业礼仪等方面的知识。通过这些知识的学习，学生能够更好地理解和运用日语，同时也能够更好地了解和适应商务环境。

商务专业知识对于学生的职业发展具有重要意义。在商务领域中，专业知识能够帮助学生在工作中更好地应对各种挑战和问题。通过商务日语课程的学习，学生能掌握商务领域的专业知识，为未来的职业发展奠定基础。

（二）课程内容的针对性

商务日语课程应针对商务领域的实际需求进行设计，使学生能够更好地适应商务环境，提高商务沟通能力和商务谈判技巧。该课程应注重培养学生的实际应用能力，使学生能够在实际工作中更好地运用所学知识。课程内容应涵盖商务日语的基础知识和技能，包括商务礼仪、商务文书写作、商务会话、商务谈判等方面的知识。

1. 注重实用性

课程内容需注重实用性，不仅包括基础知识的讲解，还要通过实际案例的分析和模拟实践，使学生能够更好地掌握商务日语的运用技巧。课程结构合理性，包括理论和实践两方面，注重理论与实践相结合。课程内容应既包括基础知识的讲解，也包括实际案例的分析和模拟实践，使学生能够更好地掌握商务日语的运用技巧。此外，课程还注重国际化视野，通过学习日语和商务知识，学生能够更好地了解国际商务环境，开拓国际视野，提高跨文化交流能力。

2. 针对性强

课程内容应精心设计，针对商务领域的实际需求，结合学生的实际水平，注重学生的实际应用能力。该课程针对性强，使学生能够更好地掌握商务日语的基础知识和技能，具备扎实的商务日语基础和专业的商务素养。课程结构合理，不仅注重基础知识的讲解，还通过案例分析和模拟实践，使学生能够更好地掌握实际应用技巧。

3. 持续更新

商务领域不断发展变化，为了确保课程内容与实际需求保持一致，该课程会根据市场需求和行业变化进行持续更新和改进。课程内容不断更新和改进，以确保课程内容与实际需求保持一致。通过不断更新课程内容，学生可以了解最新的商务日语知识和所需技能，提高自己的职业竞争力。

（三）商务领域的最新发展

商务领域的最新发展对于现代商业社会的重要性不言而喻。为了帮助学生了解并适应这些变化，许多课程在注重基础理论知识传授的同时，也开始关注商务领域的最新发展。

1. 电子商务的普及与快速发展

随着互联网技术的普及，电子商务已成为商业领域的重要组成部分。通过教授电子商务的概念、模式、平台和工具，学生可以了解电子商务的发展趋势和未来发展方向，同时掌握如何利用电子商务平台进行商业活动。

2. 供应链管理的创新与优化

随着全球化、数字化和智能化的发展，供应链管理也在不断发展和创新。通过学习供应链管理的最新理论和实践，学生可以了解如何优化供应链流程、提高效率、降低成本，以及如何应对供应链风险和挑战。

3. 市场营销的数字化转型

随着数字技术的发展，市场营销的数字化转型已成为趋势。通过学习数字营销、社交媒体营销、数据分析等最新的市场营销知识，学生可以了解如何利用数字技术进行精准营销、提高品牌知名度和销售业绩。

4. 跨界合作与共享经济的兴起

在商务领域中，跨界合作和共享经济已经成为新的发展趋势。通过学习这些新兴商业模式和理念，学生可以了解如何利用跨界资源、打破行业壁垒，以及如何通过共享经济模式实现资源的高效利用和共享。

5. 绿色商务与可持续发展

随着环保意识的提高，绿色商务和可持续发展已成为商务领域的重要议题。通过学习绿色商务的概念、实践和政策，学生可以了解如何实现商业活动与环境保护的平衡，以及如何在商务活动中关注社会责任和可持续发展。

（四）实践机会的提供

商务日语课程注重理论与实践相结合，通过多种实践机会的提供，帮助学生更好地理解和运用所学知识，提高其实际操作能力和应变能力。

1. 商务情景模拟

商务情景模拟是一种非常有效的实践教学方式，能模拟真实的商务情境，让学生在参与中体验商务活动的实际操作，从而更好地了解商务活动的流程和细节，增强对商务知识的理解和掌握。这种实践方式对于提高学生的综合素质和实际操作能力具有非常重要的作用。

在进行商务情景模拟时，首先应该选择具有代表性的商务情境，如商务谈判、客户接待、商业合作等，这些情境都是商务活动中常见的场景，具有很高的实用性和典型性。通过模拟这些情境，学生可以更好地了解商务活动的实际操作，并且能够更好地应对各种商务挑战。其次应该让学生在模拟过程中亲身体验，通过亲身参与和实际操作，学生可以更好地了解商务活动的细节和流程，掌握商务知识的应用。在模拟过程中，应该引导学生思考和总结经验教训，让学生从中学到更多的知识和技能。同时，由于学生缺乏实际经验，因此在模拟过程中可能会遇到各种各样的问题和困难。这时，教师应该给予必要的指导和帮助，帮助学生更好地理解和掌握商务活动的实际操作。同时，教师还应该及时给予反馈和评价，让学生了解自己的优点和不足之处，从而能够更好地改进和提高自己的能力。

2. 商务信函写作练习

商务信函是商务活动中最常用的沟通方式之一，因此掌握正确的写作技巧和规范格式非常重要。通过写作练习，学生可以学习如何撰写正式、规范的商务信函，提高自己的写作水平和沟通能力。在进行商务信函写作练习时，应该提供一些真实的商务信函案例，让学生参考和模仿，并给予及时的反馈和指导，帮助学生更好地掌握正确的写作技巧和规范格式。

3. 商务谈判实践

商务谈判是商务活动中的重要环节之一，需要谈判者具备较高的沟通技巧、协商能力和妥协精神。通过模拟商务谈判实践，学生可以学习如何与他人进行有效的沟通、协商和妥协，提高自己的谈判技巧和应对能力。在进行商务谈判实践时，应该提供一些真实的谈判案例，让学生了解不同类型谈判的特点和应对策略，并在实践中给予及时的指导和反馈，帮助学生更好地掌握谈判技巧和应对策略。

（五）教师团队的实力

1. 丰富的教学经验和专业知识

商务日语课程的教师通常具有多年的商务日语教学经验，熟悉商务领域的各种知识和实践，能够为学生提供准确、深入的教学内容。他们了解商务日语的语法、词汇和表达方式，能够帮助学生掌握商务日语的精髓，提高其口语和书面表达能力。

2. 了解行业现状和最新发展趋势

教师团队通常会定期参加行业会议和培训，了解最新的商务日语和商务领域的发展趋势。这使他们能够将最新的知识和信息融入教学中，为学生提供更专业、更准确的教学内容。他们能够帮助学生了解商务领域的最新动态，为其未来的职业生涯做好准备。

3. 多元化的教学方法

教师团队通常采用多种教学方法，如案例分析、角色扮演、小组讨论等，以激发学生的学习兴趣和主动性。他们能够根据学生的不同需求和水平，灵活调整教学方法和难度，确保学生能够获得最佳的学习效果。

4. 团队合作与交流

教师团队之间的合作与交流对于提供全面和系统的教育至关重要。他们可以共同备课、分享教学资源、讨论教学策略和评估方法，以确保每个学生都能够得到高质量的教学和指导。通过团队合作，教师团队还可以为学生提供更加全面和深入的商务日语教育，满足学生的不同学习需求。

第二章

跨文化交际能力概述

第一节 跨文化交际能力的定义与内涵

一、跨文化交际能力的定义

跨文化交际能力是指个体在跨文化环境中，能够有效地进行沟通、交流和理解的能力。这种能力不仅包括语言能力，还涉及文化背景、价值观、社会规范、习俗、思维方式等方面。它是人类在文化交流与互动中必不可少的能力，对于构建和谐社会、促进国际交流与合作具有重要意义。

跨文化交际能力的影响因素有很多，包括个体差异、文化背景、社会背景、心理因素等。不同的个体具有不同的价值观和思维方式，因此对跨文化交际的适应能力也会有所不同。此外，不同的文化背景也会影响人们的沟通方式和交际行为，如不同国家或地区的语言表达习惯、交流方式、礼节礼貌等都会对跨文化交际产生影响。张红玲指出："外语教学的科学属性决定了它是实施跨文化教育最有效、最重要的阵地之一。"[1]

培养和提高跨文化交际能力需要不断地学习和实践。个体可以通过参加语言培训课程、学习当地文化知识、了解不同文化背景的人的价值观和思维方式等方式来提高自己的跨文化交际能力。此外，个体还可以通过与不同文化背景的人进行交流和合作，不断积累经验和提高自己的适应能力。

在跨文化交际中，个体需要尊重和理解不同的文化背景，避免文化差异导致的误解和冲突。同时，个体还需要注意语言表达和行为方式，避免使用

---

[1] 张红玲.以跨文化教育为导向的外语教学：历史、现状与未来[J].外语界,2012（02）：2.

冒犯性的语言或行为，以建立良好的人际关系和合作氛围。

跨文化交际能力的培养对于现代社会发展具有重要意义。随着全球化进程的加速和国际交流的增多，不同文化背景的人之间的交流和合作变得越来越频繁。因此，培养和提高跨文化交际能力是现代社会中不可或缺的一种能力，也是构建和谐社会、促进国际交流与合作的重要基础。

在跨文化交际中，我们需要学会如何适应不同的文化背景，如何理解他人的价值观和思维方式，如何建立良好的人际关系和合作氛围。同时，我们也需要尊重和理解不同的文化差异，避免文化差异导致的误解和冲突。只有通过长期学习和实践，才能真正提高跨文化交际能力，更好地适应现代社会的挑战。

二、跨文化交际能力的内涵

（一）语言能力

语言是人类特有的神经活动，在跨文化交际中更是起着至关重要的作用。熟练掌握目标语言是理解异国文化背景的基础条件。

语言能力包括语音、词汇、语法、口语、书面表达等方面的能力。只有掌握正确发音、理解词汇含义和语法规则、流利地进行口语表达和书面表达，才能有效地与他人进行交流。对于非母语者来说，熟练掌握目标语言更是实现有效沟通的前提条件。

语言能力还包括对语言背后所蕴含文化背景和价值观的理解。不同的文化背景和价值观会影响人们的语言表达方式和交流习惯，因此了解目标语言的文化背景和价值观对于跨文化交际来说是非常重要的。只有能够理解和尊重不同的文化背景和价值观，才能更好地与他人进行交流，并建立良好的人际关系。

在跨文化交际中，语言能力的重要性不言而喻。只有熟练掌握目标语言，才能更好地理解和表达自己的思想，从而促进有效的沟通和交流。严明根据跨文化交际的需要，提出外语教学中跨文化交际能力培养七大目标："理解人们由于不同文化而产生的不同行为；理解社会文化因素对人们说话和行为方式产生的不同影响；了解目的文化中在一般情境下人们的具体行为习惯；理解目的语中词和短语的文化含义；发展根据证据对目的文化做总体鉴定的能力；搜寻和组织文化信息的能力；激发对目的文化的好奇心和对其他民族人们的同情和理解"[1]。同时，我们还需要注意一些问题，如避免使用过于个人化的语言表达方式、尊重他人的文化习惯、避免产生误解和冲突等。

在国内学术界，杨盈和庄恩平针对外语教学提出了由全球意识、知识、文化调试和交际实践组成的跨文化交际能力模型[2]。张红玲从态度、知识和行为层面构建了跨文化外语教学中的跨文化交际能力框架[3]。钟华等构建了适用于外语教学领域的中国大学生跨文化交际能力模型[4]。徐佳从认知层面和行为层面提出了跨文化理解力、跨文化共情力、跨文化互动力和跨文化反思力四要素概念模型[5]。

此外，随着全球化的不断发展，越来越多的人学习外语，这不仅有助于他们更好地融入国际社会，还能促进不同文化之间的交流和理解。因此，我们应该鼓励更多的人学习外语，提高自己的语言能力，以便更好地适应全球化的发展趋势。

（二）文化理解

1. 文化理解的定义和重要性

文化理解是指对不同文化背景下的价值观、习俗、思维方式等方面的认

［1］严明.跨文化交际理论研究[M].哈尔滨：黑龙江大学出版社，2009.

［2］杨盈，庄恩平.构建外语教学跨文化交际能力框架[J].外语界，2007（4）：16.

［3］张红玲.跨文化外语教学[M].上海：上海外语教育出版社，2007.

［4］钟华，白谦慧，樊葳葳.中国大学生跨文化交际能力自测量表构建的先导研究[J].外语界，2013（3）：48.

［5］徐佳.跨文化能力概念模型内涵的扩展研究[J].湖北社会科学，2018（01）：183-184.

知和理解。在跨文化交际中，了解对方的文化背景和价值观是非常重要的。文化理解有助于更好地理解对方的思维方式和行为习惯，从而避免产生误解和冲突。具备文化理解能力的人能够更好地适应不同的文化环境，与不同文化背景的人进行有效的沟通。

2. 不同文化背景下的价值观

不同文化背景下的价值观存在差异，这会影响人们的思维方式和行为习惯。例如，一些国家的文化重视家庭和亲情，另一些国家的文化则注重个人成就和自由。了解这些差异可以帮助我们更好地理解对方的价值观，从而更好地与他们沟通。

3. 习俗

不同文化背景下的习俗存在着差异。了解这些差异可以帮助我们更好地尊重对方的习俗，避免误解导致的冲突。如一些国家的文化可能对某些行为有特定的要求或禁忌，了解这些可以帮助我们更好地适应不同国家的文化环境。

4. 思维方式

不同文化背景下的思维方式也存在差异。了解这些差异可以帮助我们更好地理解对方的思考方式和决策过程，从而更好地与他们沟通和交流。例如，一些国家的文化可能更注重逻辑和分析，而另一些国家的文化可能更注重直觉和情感。

5. 如何在跨文化交际中运用文化理解

在跨文化交际中，具备文化理解能力的人能够更好地适应不同的文化环境，与不同文化背景的人进行有效的沟通和交流。具体来说，可以通过以下方式运用文化理解：主动了解对方的文化背景和价值观，以便更好地理解对方的思维方式和行为习惯；尊重对方的习俗，避免误解导致的冲突；保持开放和包容的心态，接受不同的文化和思维方式；运用换位思考，理解对方的文化背景和经历，从而更好地与他们沟通。

（三）文化适应

文化适应是个体在面对不同文化背景时，能够适应并融入其中，从而更好地进行沟通和交流的过程。为了实现文化适应，个体需要具备以下素质和能力：

1. 开放的心态

开放的心态是实现文化适应的基础。个体需要摒弃固有的观念和思维方式，以开放、包容的心态去面对不同的文化背景。这意味着个体愿意接受新的观点和想法，愿意尝试新的行为方式和习惯，也愿意与不同文化背景的人进行交流和合作。

2. 包容的态度

包容的态度是实现文化适应的关键。个体需要尊重和理解不同的文化背景，包括不同的价值观、习俗和传统。这意味着个体需要避免过度解读和误解他人的行为和言语，需要学会欣赏和接受不同的文化特色，同时也需要尊重他人的隐私和习惯。

3. 适应的能力

适应的能力是实现文化适应的核心。个体需要具备适应不同文化背景的能力，包括语言、沟通技巧、礼仪习俗等方面的能力。个体需要学会在不同的文化背景下表达自己的观点和需求，同时也要学会理解和尊重他人的观点和需求。

除此之外，个体还需要学会如何在不同的文化背景下建立良好的人际关系，促进跨文化合作和交流。以下是一些建议，可以帮助个体更好地实现文化适应。

（1）学习并理解不同的文化背景

了解不同文化背景的价值观、习俗和传统，可以帮助个体更好地与不同文化背景的人进行交流和合作。通过阅读相关的书籍、资料或者参加相关的培训课程，可以更加深入地了解不同文化的差异与特点。

（2）尊重并欣赏不同的文化特色

个体需要尊重并欣赏不同的文化特色，避免对他人文化的偏见和不理解。同时，个体也需要保持自己的文化自信，弘扬自己的文化传统和价值观。通过相互尊重和理解，可以建立更加和谐的人际关系。

（四）沟通技巧

在跨文化交际中，沟通技巧是非常重要的。通过运用适当的沟通方式，个体可以更好地理解对方的需求和意图，从而达成有效的沟通和交流。良好的沟通技巧有助于建立良好的人际关系，促进跨文化合作和交流。

在跨文化交际中，个体应该根据不同的场合和对象选择合适的沟通方式。如在与上级或长辈交流时，应该采用尊敬和礼貌的语言；在与同事或朋友交流时，可以更加轻松和自然。同时，个体应该注意沟通的语气和语调，让对方感受到自己的真诚和关注。

倾听是沟通中非常重要的一部分。我们应该认真倾听对方的话语，理解对方的意图，给予积极的反馈，让对方感受到自己的关注和理解。

在跨文化交际中，表达技巧也非常重要，应该注意表达的方式和语气，以免引起对方的反感或误解。

（五）冲突解决

1.冲突解决的含义

冲突解决是指在跨文化交际中，当出现文化差异和冲突时，个体能够运用适当的策略和方法，有效地解决冲突，建立和谐的人际关系。这种能力对于个人和组织的发展都非常重要。良好的冲突解决能力可以促进团队之间的合作和交流，增强组织凝聚力，有助于建立良好的人际关系。

2.冲突解决所需的能力

为了有效地解决冲突，个体需要具备以下能力或技巧。

灵活的思维方式和问题解决能力。个体需要具备开放的心态，能够接受不同的观点和文化背景，并能够从多个角度思考问题。同时，个体需要具备解决问题的能力，能够分析问题、设计解决方案并采取有效的行动。

沟通技巧。个体需要具备良好的沟通技巧，能够有效地表达自己的观点和感受，同时倾听他人的意见和建议。良好的沟通可以促进双方的理解和信任，有助于建立和谐的人际关系。

冲突管理技巧。个体需要具备一定的冲突管理技巧，包括谈判、妥协、协商等。这些技巧可以帮助个体在冲突发生时保持冷静，寻找解决问题的最佳方案。

情绪管理能力。个体需要具备较强的情绪管理能力，能够控制自己的情绪，避免因情绪波动影响冲突解决的过程。

3. 培养冲突解决能力的策略和方法

为了培养冲突解决能力，个体可以采取以下策略和方法。

学习跨文化交际知识。了解不同文化背景下的价值观、习俗等，有助于更好地理解他人的观点和行为方式，从而减少冲突的产生。

增强沟通技能。通过学习和实践沟通技巧，如倾听、表达、反馈等，可以提高自己的沟通能力和人际交往能力。

提高问题解决能力。通过面对和处理实际问题，个体可以积累解决问题的经验，并培养自己的问题解决能力。

寻求他人反馈。寻求他人的反馈和建议，可以帮助个体了解自己的优点和不足，有针对性地提高自己解决问题的能力。

4. 如何在跨文化交际中运用冲突解决能力

在跨文化交际中，个体可以通过以下方式运用冲突解决能力。

保持开放心态。在面对不同文化背景的人时，个体需要保持开放的心态，尊重他人的观点和行为方式，避免过于固守自己的文化观念。

有效沟通。通过有效的沟通方式和方法，如明确表达自己的观点和感受，倾听他人的意见和建议等，可以促进双方的理解和信任，减少误解和冲突。

寻求共识。在解决冲突时，个体可以尝试寻找双方的共识，通过协商、妥协等方式寻找最佳解决方案。

灵活应对。在面对不同文化背景下的挑战时，个体需要灵活应对，不断调整自己的思维方式和行为方式，以适应不同的文化环境。

第二节　跨文化交际能力的重要性

一、促进国际交流与合作

（一）跨越语言和文化的障碍，更好地理解和沟通不同的文化背景

1. 语言差异

不同国家的语言有着不同的表达方式和词汇，可能导致沟通误解。通过促进国际交流与合作，我们可以学习其他国家的语言和文化，了解其表达方式和习惯，从而更好地理解和沟通。

2. 文化差异

不同的国家、民族有着不同的价值观、习俗和礼仪，这些差异可能导致沟通误解和不理解。通过促进国际交流与合作，我们可以了解其他国家的文化背景，尊重其习俗和价值观，从而更好地适应和融入不同的文化环境。

3. 增强跨文化交际能力

通过促进国际交流与合作，我们可以学习如何更好地理解和表达自己的观点和情感，如何倾听和理解他人的观点和情感，从而更好地与不同文化背景的人进行沟通和合作。

4. 消除语言和文化障碍

消除语言和文化障碍是促进国际交流与合作的重要目标之一。通过促进国际交流与合作，我们可以减少语言和文化差异带来的沟通障碍，增强相互之间的理解和信任，从而更好地融入全球化浪潮。

5. 促进国际合作与交流

在国际交流与合作中，不同国家、民族之间的合作与交流日益频繁。通过促进国际交流与合作，我们可以加强不同国家之间的联系和互动，增进相互之间的了解和友谊，推进全球化的进程。

（二）有助于消除误解，增进不同国家、民族之间的理解和友谊

1. 增进相互了解

国际交流让不同国家、民族的人们能够直接交流和互动，了解彼此的文化、历史、价值观和生活方式。通过交流，人们可以更好地理解彼此间的差异，从而减少误解和偏见。

2. 减少文化冲突

不同的文化背景可能导致误解和冲突。通过国际交流，人们可以更深入地了解其他文化的特点，从而减少文化冲突。这种理解有助于建立更加包容和尊重差异的社会氛围。

3. 促进友谊和合作

国际交流可以促进不同国家、民族之间的友谊和合作。通过分享经验、知识和资源，人们可以共同解决问题，创造互利共赢的局面。这种友谊和合作有助于建立更加稳定和繁荣的国际社会。

4. 培养跨文化交际能力

国际交流需要较强的跨文化交际能力，这有助于人们更好地适应不同的文化环境，学会尊重和理解不同的文化传统。这种能力对于个人发展和社会进步都非常重要。

5. 推进全球化进程

国际交流与合作有助于推进全球化进程。通过分享知识和经验，不同国家、民族可以共同应对全球性挑战，如气候变化、贫困、疾病等。这种合作有助于建立更加和谐的国际秩序。

6. 培养全球公民意识

国际交流可以培养人们的全球公民意识，即对全球问题和挑战的关注和参与。这种意识有助于人们更好地理解和尊重不同的文化和国家，从而促进全球和平与繁荣。

（三）有助于促进国际合作，推动全球经济发展和文化交流

1. 推动全球经济发展

国际合作是推动全球经济发展的重要途径。通过促进跨文化交流与合作，可以加强不同国家之间的经济合作，实现资源共享和优势互补，促进国际贸易和投资，推动全球经济的发展。此外，国际合作还可以加强各国之间的技术合作和研发，推动科技创新和产业升级，为全球经济增长提供新的动力。

2. 促进文化交流和传播

国际交流与合作有助于推动文化交流和传播。通过举办跨文化交流活动、举办国际会议、开展文化教育交流等方式，可以加强不同国家之间的文化交流和了解，促进世界文化的多样性和繁荣。此外，国际合作还可以加强各国之间的文化传播和推广，推动文化产业的合作和发展，为世界文化的丰富和发展作出贡献。

3. 增强国际信任和合作基础

国际合作有助于增强国际信任和合作基础。通过加强不同国家之间的沟通和理解，可以建立更加紧密的合作关系，共同应对全球性挑战和问题。在国际合作的过程中，各国可以相互学习、借鉴和分享经验，共同推动全球治理体系的完善和发展。

4. 推动全球治理体系的完善

国际合作是推动全球治理体系完善的重要途径。通过加强国际组织、国际机制等平台的建设，可以共同应对全球性挑战和问题，促进全球治理体系的完善和发展。此外，国际合作还可以加强各国之间的协调和合作，推动全球公共卫生、气候变化等领域的合作和治理，为人类社会的进步和发展作出

贡献。

二、增强个人竞争力

（一）提高跨文化交际能力能够更好地适应全球化趋势

随着全球化的不断深入，不同国家和地区之间的交流和合作变得越来越频繁。在这种背景下，具备跨文化交际能力的人能够更好地适应全球化趋势，提高综合素质和综合能力，从而增强个人职业竞争力。

跨文化交际能力有助于人们更好地理解不同文化背景下的思维方式、价值观和生活方式。在与不同文化背景的人交流时，个体需要了解他们的文化传统、习俗和行为方式，以便更好地与他们建立联系、信任和达成共识。

跨文化交际能力有助于拓宽个人视野。通过与不同文化背景的人交流，个体可以了解到不同的观点、思想和经验，从而拓宽自己的视野和思维方式。这种交流可以激发个体的创新思维和创造力，帮助个体更好地应对各种挑战和机遇。

跨文化交际能力可以提高个人的综合素质和综合能力。在与不同文化背景的人交流时，个体需要运用多种语言、沟通技巧和谈判技巧，这有助于提高个体的沟通能力和人际交往能力。此外，通过与不同文化背景的人合作，个体可以学习到不同的管理理念和方法，从而提高自己的领导能力和组织能力。

因此，提高跨文化交际能力对于适应全球化趋势具有重要意义。具备这种能力的人将具有更大的竞争优势，并能够在职场上取得更好的成绩。

（二）通过国际交流与合作拓宽个人视野，提高个人综合素质和综合能力

国际交流与合作是拓宽个人视野、提高个人综合素质和综合能力的重要途径。通过参与国际会议、学术交流、实习项目等活动，个体可以接触到不

同的文化背景和思维方式，了解不同的观点、思想和经验。这种交流可以激发我们的创新思维和创造力，帮助我们更好地应对各种挑战和机遇。

国际交流与合作可以拓宽我们的知识面和文化视野。在与来自不同国家和地区的人交流时，我们可以了解到不同的文化、历史、政治和经济背景，从而拓宽自己的知识面和文化视野。这种交流可以让我们更好地理解不同国家和地区的发展状况和趋势，为未来的职业发展打下坚实的基础。

国际交流与合作也可以提高我们的综合素质和综合能力。在与来自不同国家和地区的人合作时，我们需要运用多种语言、沟通技巧和谈判技巧，这有助于提高我们的沟通能力和人际交往能力。此外，通过与不同文化背景的人合作，我们可以学习到不同的管理理念和方法，从而提高自己的领导能力和组织能力。

国际交流与合作还可以帮助我们建立广泛的社交网络和人脉资源。在与来自不同国家和地区的人建立联系时，我们可以结识到各行各业的人，了解他们的职业经历、成功经验和失败教训。这些人际资源可以为我们的职业发展提供宝贵的支持和帮助。

三、维护文化多样性

（一）尊重和理解不同的文化背景，促进文化交流和融合

1. 尊重文化差异，促进交流和理解

尊重不同的文化背景是文化交流和融合的基础。不同文化之间存在着差异和冲突，但这些差异和冲突也可以成为文化交流和融合的契机。我们应该以开放的心态去接纳不同的文化，尊重其独特性和多样性，从而促进不同文化之间的交流和理解。只有通过尊重和理解，我们才能消除文化间的误解和偏见，建立相互信任和合作的基础。

2. 增进不同文化之间的相互理解和尊重

促进文化交流和融合有助于增进不同文化之间的相互理解和尊重。通过

国际交流与合作，我们可以更好地了解其他国家和地区的文化传统、价值观和生活方式，从而增强我们的文化认知和理解能力。同时，我们也可以向其他国家和地区展示本民族的文化特色和价值观念，增进彼此之间的相互理解和尊重。这样的互动有助于促进跨文化的沟通与交流，减少文化冲突。

3.推动文化多样性的发展

促进文化交流和融合有助于推动文化多样性的发展。全球化进程中的文化多样性是人类社会进步和发展的重要动力之一。不同文化的交融能够为人们提供更加丰富多样的选择，让人们更加深入地了解世界各地的文化和价值观。这种多样化的文化环境能够激发人们的创造力和创新精神，为人类文明的发展注入新的动力。

4.培养全球视野和跨文化交际能力

通过促进文化交流和融合，我们能够培养全球视野和跨文化交际能力。这种能力有助于我们更好地适应全球化背景下的工作和生活环境，与不同国家和地区的合作伙伴建立良好的合作关系。同时，这种能力也能够增强我们的文化自信，让我们更加自信地展示本民族的文化特色和价值观念。

（二）有助于保护和传承世界各地的文化遗产，推动文化多样性的发展

1.保护文化遗产

国际交流与合作在保护文化遗产方面发挥着至关重要的作用。了解一个国家和地区的文化，包括其历史、传统、艺术、建筑等，有助于我们认识到这些文化遗产的价值和重要性，从而采取有效的保护措施。此外，通过借鉴其他国家和地区的保护经验和方法，我们还可以提高本国文化遗产的保护水平，确保这些文化遗产能够得到长期的保存和传承。具体来说，我们可以采取以下措施来保护文化遗产。

一是制订详细的保护计划，包括制定保护标准、保护范围、保护措施等。

二是加强文化遗产的监测和评估，及时发现和解决问题。

三是鼓励社会各界参与文化遗产的保护工作，包括企业、社会组织和

个人。

四是加强国际合作，与其他国家和地区共同制定文化遗产保护政策，分享保护经验和方法。

此外，在保护文化遗产的同时，国家还需要加强对相关法律法规的制定，确保文化遗产的保护工作得到法律的支持和保障。

2. 促进文化交流

国际交流与合作在促进文化交流方面也发挥着重要作用。通过与其他国家和地区的人们进行交流，我们可以更好地了解其他国家和地区文化的特点和价值观，增进相互之间的理解和尊重。这种文化交流有助于增进不同文化之间的相互尊重和包容，从而为文化多样性的发展创造良好的环境。具体来说，我们可以采取以下措施来促进文化交流：

（1）加强文化教育交流，包括互派留学生、开展学术交流、共同举办文化活动等。

（2）加强媒体交流，通过电视、广播、报纸等媒体平台，增进不同文化之间的了解和传播。

（3）加强旅游交流，通过旅游活动增进不同国家和地区的人们之间的互动和交流。

（4）加强文化产业交流，通过合作开发文化产品、共同举办文化产业活动等方式，促进文化产业的发展和交流。

第三节　跨文化交际能力的构成要素

一、语言能力

语言能力是跨文化沟通的基础和关键。在中国的跨文化沟通中，我们需要具备良好的母语语言知识和表达能力，以及一定的第二语言能力。此外，对于某些特定的沟通场景，如商务谈判、国际会议等，熟练掌握外语也是必不可少的。

（一）母语语言知识

掌握一定的词汇量、语法规则和语言表达方式是母语语言知识的重要组成部分。这些知识能够帮助我们准确地表达自己的意思，并且能够流利地与他人进行交流。在日常生活中，我们可以通过学习和实践来提高自己的母语语言知识。

除词汇量和语法规则外，语言表达方式也是母语语言知识的重要方面。在表达自己的意思时，我们需要考虑到不同的语境和场合，选择适当的词汇和表达方式，避免使用过于生硬或随意的话语。

此外，对于母语语言知识的学习和掌握，我们还应该注重口语表达的训练。口语表达是语言表达的重要组成部分，能够个体的提高语言能力和沟通能力。通过练习口语表达，我们可以更好地掌握母语语言知识，并且能够更加自信地与他人进行交流。

（二）第二语言能力

对于非母语的沟通对象，我们需要具备一定的听、说、读、写能力，能够理解和表达基本的沟通内容。第二语言能力是我们在不同场合下需要掌握的一种语言能力，能够帮助我们更好地与不同背景的人进行交流和沟通。

听、说、读、写四个方面的能力是第二语言能力的重要组成部分。听和说是语言交际的基本形式，通过听和说，我们可以了解对方的意图，并且能够表达自己的意思。读和写则是语言交际的重要补充形式，通过阅读和写作，我们可以更加深入地了解对方的文化背景和交流方式，并且能够更加准确地表达自己的意思。

为了提高第二语言能力，我们需要不断地学习和实践。通过阅读、听力、口语和写作练习，我们可以逐步提高自己的第二语言能力，并且能够更加自信地与不同背景的人进行交流。此外，我们还可以通过参加语言课程、交流活动等方式来拓宽自己的语言交际圈，并且能够更好地了解不同文化背景下人们的交流方式和表达方式。

二、文化理解

了解目标文化是跨文化沟通的重要一环。在跨文化沟通中，我们需要对其他国家文化有深入的了解，包括其历史、价值观、习俗等方面。了解目标文化的背景和特点，有助于更好地理解对方的思维方式和行为习惯，从而更好地进行沟通。

1. 历史

历史是所有国家的重要组成部分，因为它代表了一个国家的发展历程和变革。了解其他国家的历史可以帮助我们更好地理解他们的文化传统、价值观。这是因为历史背景会影响到人们的思想和行为方式，也会影响到社会结构和政治制度。通过了解其他国家的历史，我们可以更好地理解他们的社会背景、政治环境和经济状况。

2. 政治

不同国家的政治制度是多样化的，了解这些政治制度可以帮助我们更好地理解对方的政治环境、政治理念和政策取向。了解其他国家的政治体制可以有助于我们理解他们如何处理公共事务、如何解决社会问题以及如何保护公民权利。此外，了解其他国家的政治动态和政策变化也可以帮助我们更好地预测世界未来的发展趋势。

3. 经济

经济是一个国家的重要支柱，了解其他国家的经济发展情况可以帮助我们更好地理解他们的市场需求、产业结构和发展趋势。通过了解其他国家的经济体制、产业结构和发展趋势，我们可以更好地预测未来的市场变化，并制定相应的商业策略。此外，了解其他国家的经济发展情况也可以帮助我们更好地理解他们的社会福利政策、就业市场和消费习惯。

4. 社会

每个国家的社会结构、价值观念、生活方式和社交习惯都有所不同，了解这些差异可以帮助我们更好地适应对方的社会环境，从而更好地进行交流和合作。通过了解其他国家的社会习俗和文化传统，我们可以更好地理解他们的思维方式、沟通方式和行为方式，从而更好地与他们进行互动。

三、文化适应

在跨文化沟通中，适应不同的文化环境和习惯是非常重要的。在中国的跨文化沟通中，我们需要适应其他国家的文化环境和习惯，如时间观念、工作方式、礼仪等方面。同时，我们也需要尊重对方的文化习惯，避免因文化差异产生误解和冲突。

（一）适应其他国家文化环境

在跨文化交流中，了解并适应其他国家的文化环境和习惯是非常重要的。不同国家之间，由于历史、地理、习俗等方面的差异，人们在时间观念、工作方式、礼仪等方面的习惯也会有所不同。因此，了解这些差异可以帮助我们更好地适应对方的文化环境，避免因文化差异产生误解和冲突。

1. 时间观念

不同国家的人的时间观念存在差异。日本人大多具有较强的时间观念，认为时间是宝贵的资源。欧美人更加灵活，可能更注重工作效率，而非严格遵守时间表。他们倾向于根据实际情况调整时间，而不是被时间限制。在与不同文化背景的人交流时，我们需要了解对方的时间观念，以便更好地安排和调整自己的时间。此外，不同国家的人们对时间的观念差异也可能影响沟通方式和交流效率。例如，日本人多注重细节，在与他们交流时，我们需要耐心地表达自己的意见，透彻理解对方的观点。

2. 工作方式

不同国家的人们在工作方式上也存在差异。欧美人更注重个人能力，他们可能更倾向于自主完成任务和解决问题。亚洲人更注重团队合作和集体决策，倾向于通过沟通和协作来达成目标。在与不同文化背景的人合作时，我们需要了解对方的工作方式，以便更好地协调和配合。例如，亚洲人在工作中可能更注重沟通和协商，他们可能会花费更多的时间和精力来讨论和评估各种方案和提议，以确保达成共识和满足所有方面的需求。因此，在与他们合作时，我们需要更加注重沟通和协商，以便更好地协调和达成共识。

3. 礼仪

不同国家的人们在礼仪方面也存在差异。欧美人多注重个人隐私，亚洲人则更注重礼节，愿意与人建立紧密的关系。在与不同文化背景的人交流时，我们需要了解对方的礼仪习惯，以便更好地遵循和表达自己的情感和态度。如日本文化中，鞠躬、握手、微笑等身体语言被视为礼貌的表现，因此我们与日本人交流时，应更加注重身体语言。

（二）尊重文化差异

尊重文化差异是跨文化交流的重要原则。不同文化背景的人在价值观、思维方式、行为习惯等方面存在较大差异，因此我们需要尊重对方的文化差异，避免因文化差异而产生误解和冲突。

避免过于主观。在与不同文化背景的人交流时，我们需要避免过于主观地评价和判断对方的行为和态度。我们应该尊重对方的价值观，并尝试理解他们的思维方式和工作方式。

避免冒犯。在与不同文化背景的人交流时，我们需要尊重对方的习俗和传统，避免冒犯他们的价值观。我们应该尊重对方的礼仪习惯，并遵循他们的社交规则。

保持开放和耐心。在与不同文化背景的人交流时，我们需要保持开放和耐心的心态，愿意倾听和理解对方的文化背景和经历。我们应该尊重对方的观点和立场，并尝试寻找共同点和共识。

四、沟通技巧

有效的沟通技巧是跨文化沟通的关键。在中国的跨文化沟通中，我们需要掌握有效的倾听、表达观点、协商和谈判等技巧。

（一）有效倾听

耐心倾听对方的表达。在跨文化沟通中，我们需要保持耐心，认真倾听对方的表达，了解他们的想法和观点。这需要我们避免主观臆断，通过仔细聆听来获取真实信息。

避免因主观臆断影响沟通效果。在沟通中，我们很容易受到自己的主观想法和观点的影响，从而对对方的意见做出错误的判断。因此，我们需要时刻保持清醒，避免因自己的主观臆断影响沟通效果。

适时给予反馈，表达正在倾听和理解对方的观点。在倾听过程中，适时给予反馈可以表明我们正在倾听和理解对方的观点。如"我理解您的意思了""我明白了"等。这些话语可以增强对方的信任和沟通意愿，促进双方之间的交流和理解。

注意避免分心或打断对方。在沟通中，分心或打断对方都会影响沟通效果。因此，我们需要时刻保持专注，避免受到外界干扰或打断对方。如果我们有疑问或需要澄清某些信息，可以等到对方说完之后再进行询问。

积极回应对方的情感和需求。在倾听过程中，我们需要关注对方的情感和需求，并给予积极的回应。这可以通过简单的问候、关心的话语或鼓励的话语来实现。积极回应可以增强对方的信任和沟通意愿，促进双方之间的交流和理解。

尊重对方的观点和文化背景。在跨文化沟通中，我们需要尊重对方的观点和文化背景，避免因自己的偏见或误解影响沟通效果。我们应该以开放的心态去理解和接纳不同的观点和文化背景，以便更好地进行沟通。

鼓励对方表达自己的意见。有效的倾听需要双方之间的互动和交流。因此，我们需要鼓励对方表达自己的想法，并提供必要的支持和帮助。这样可以帮助我们更好地了解对方的想法和需求，并促进双方的交流和理解。

（二）表达观点

在人际交往中，我们既要表达自己的观点，也要尊重和理解他人的观点。

语言简单明了。我们应使用简单明了的语言，使对方快速理解我们的意思；避免使用过于专业或复杂的词汇和表达方式，以免对方感到困惑或无法理解。

注意语气和语调。我们在表达观点时应注意语气和语调，保持礼貌和尊重，避免使用过于强势或有攻击性的言辞。

（三）协商和谈判

尊重对方文化背景和习惯。在跨文化沟通中，不同的文化背景和习惯可能导致双方在沟通中出现误解或冲突。因此，在协商和谈判过程中，我们需要尊重对方的文化背景和习惯，避免过于强硬或固执己见。即我们需要了解并尊重对方的价值观、习俗和礼仪等方面的差异，以建立互信和合作的基础。

保持冷静和理性。在协商和谈判过程中，情绪化的言辞和行为可能会影响双方的合作和信任。因此，我们需要保持冷静和理性，避免情绪化的言辞和行为。即我们需要倾听对方的意见和建议，尊重对方的决定和权利，并寻求双方都能接受的解决方案。

表达自己的需求和期望。在协商和谈判过程中，我们需要表达自己的需求和期望，但也要注意表达的方式和方法。即以客观、明确、清晰的语言表达自己的观点和立场，避免使用攻击性或侮辱性的语言。同时，我们也要尊重对方的立场和观点，寻求双方都能接受的解决方案。

建立互信和合作的基础。协商和谈判的目的是建立互信和合作基础。我们需要通过有效的沟通和协商，让对方了解我们的立场和需求，同时也尊重对方的决定和权利。通过协商和合作，我们可以达成双方都能接受的解决方案，实现共同利益。

学会妥协和让步。在协商和谈判过程中，我们可能会面对一些难以达成共识的问题。在这种情况下，我们需要学会妥协和让步，以实现双方的共同利益。但妥协并不意味着放弃自己的立场，而是寻求一种平衡和折中的解决方案，以达到双方都能接受的最大化利益。

五、冲突解决

在跨文化沟通中，冲突是不可避免的，如何处理冲突对于建立良好的人际关系和沟通氛围至关重要。在跨文化沟通中，我们需要能够识别和处理文化差异和冲突，采取合适的解决方法。

（一）冲突识别

1. 文化差异导致的冲突识别

在跨文化沟通中，来自不同文化背景的人可能会有不同的价值观、行为准则和沟通方式。这些差异可能导致对同一事物的不同看法，从而引发冲突。因此，我们需要了解并尊重不同的文化背景，以便更好与对方达成共识。

在识别文化差异引起的冲突时，我们需要关注以下方面。

（1）语言习惯。不同文化背景的人可能会有不同的语言表达方式，如措辞、语气和表达方式等。

（2）思维方式。不同文化背景的人可能会有不同的思维方式，如思考问题的角度、逻辑和推理方式等。

（3）价值观。不同文化背景的人可能会有不同的价值观，如对事物的评价标准、道德观念和人生观等。

通过观察和分析这些差异，我们可以更好地理解对方的观点和立场，从而避免误解和冲突。

2. 冲突迹象的识别

除文化差异外，我们还需要关注常见的冲突迹象，以便及时采取措施。

（1）语气和表情。冲突发生时，双方可能会使用不同的语气和表情来表达自己的情感和态度。如一方可能会显得不耐烦、愤怒或失望。

（2）肢体语言。肢体语言是表达情感和态度的一种重要方式。冲突发生时，双方可能会使用不同的肢体语言来传达自己的意图和感受。如一方可能会皱眉、摇头或用手势表达自己的不满。

（3）行为表现。冲突发生时，双方可能会采取不同的行为表现来应对对方的言行。如一方可能会回避对方或采取攻击性的行为来应对对方的指责或批评。

通过观察和分析这些迹象，我们可以及时发现潜在的冲突并采取相应的措施来缓解紧张局势。

3. 避免主观偏见和误解

在识别冲突时，我们需要避免过于主观或偏见，以免造成误解或冲突加剧。我们需要保持客观、公正的态度，尊重对方的观点和立场，并尝试理解对方的情感和需求，同时寻求共同点和合作机会，以便更好地沟通和解决问题。

（二）合适的解决方法

1. 协商

协商是一种解决问题的方式，建立在双方平等和尊重的基础上。在协商过程中，双方需要共同努力，以寻找最合适的解决方案。这种方法的优点在于，使双方能够更好地理解彼此的需求。

在协商过程中，双方需要展现出对彼此观点的尊重和倾听，尝试理解对方的立场。这需要双方愿意发散自己的思维，愿意妥协和让步，以便达成共识。通过协商，双方可以更好地了解彼此的利益和目标，从而找到一个更公平可行的解决方案。

协商还可以促进双方的沟通和交流，增强彼此之间的信任和合作。这种合作关系有助于建立更为紧密的合作关系，使双方能够共同应对挑战。

然而，协商并不总是容易的，有时可能会面临困难和挑战。在这种情况下，双方需要保持耐心，愿意妥协和让步，以便找到一个共同的解决方案。

2. 妥协

妥协是一种在冲突中寻求平衡点并达成双方都能接受的解决方案的方法。妥协并不意味着任何一方完全让步，而是双方在考虑各自利益的同时，寻找一个可以接受的折中方案。妥协有助于缓解紧张关系，并建立一种互惠互利的关系。然而，妥协并不总是最佳选择，因为它可能忽视某些重要的问题或潜在的隐患。

妥协意味着双方都需要做出让步。这可能涉及一些重要的利益或观点，而这些利益或观点对于双方来说都是至关重要的。因此，妥协可能会导致双方情绪的不满或不满意的情况出现。

妥协可能会导致双方之间的关系变得紧张。当双方都认为自己的立场是正确的，另一方则是错误的时，妥协可能会导致一方感到委屈。在这种情况下，妥协可能会导致信任受损，进一步加剧双方之间的紧张关系。

然而，妥协也是一种解决冲突的策略。它提供了一种解决方案，使双方都能够接受，而不是继续陷入僵局或陷入无尽的争论中。通过妥协，双方可以达成共识并建立一种互惠互利的关系。这种关系可以促进合作、沟通和信任，为未来的合作和互动奠定基础。

但是，在某些情况下，完全避免妥协可能是更好的选择。如果一方明显处于优势地位或拥有更多的资源，那么妥协可能会被视为软弱或屈服的表现。在这种情况下，完全坚持自己的立场可能会更有利于保护自己的利益和尊严。

3. 调解

调解是一种有效解决冲突的方法，通过第三方介入来帮助双方沟通和协商，以达到解决问题和促进双方合作的目的。在调解过程中，第三方通常会提供一个中立的平台，以便双方可以自由表达自己的观点和需求，并寻求妥协和解决方案。

调解者的角色是提供建议和支持，而不是做出最终决定。他们可能会提出一些建议或解决方案，但最终的决定权在于双方。调解者的目标是促进双方之间的合作和理解，以便达成双方都能接受的解决方案。

通过调解，可以减少冲突的紧张程度，并促进双方之间的沟通和理解。这有助于建立信任和合作关系，并为未来的合作奠定基础。然而，调解的成功取决于双方都有意愿参与并接受调解者的建议。如果任何一方不愿意参与或不愿意接受调解者的建议，调解就可能会失败。

（三）避免情绪化

1. 情绪化的表达可能会影响对方的判断和决策

当我们情绪激动时，可能会失去对实际情况的准确把握，导致我们的观点和需求被误解或误判。这种情绪化的表达不仅可能加剧双方之间的矛盾，还可能导致冲突升级，甚至可能使双方之间的关系更加疏远。

当我们情绪激动时，可能会失去理智，无法清晰地表达自己的观点和需求。同时，我们可能会使用攻击性或挑衅性的语言，这不仅不能解决问题，还可能使问题更加复杂化。此外，情绪化的表达还可能使我们无法站在客观立场，从多个角度看待问题，从而无法找到最佳解决方案。

为了避免情绪化的表达带来的负面影响，我们需要学会控制自己的情绪，并采用理性和客观的方式来表达自己的观点和需求。首先，我们需要冷静下来，认真思考问题的本质和双方的利益所在。其次，我们需要使用客观的语言来表达自己的观点和需求，避免使用攻击性或挑衅性的语言。最后，我们需要倾听对方的观点和需求，并尝试寻找双方都可以接受的解决方案。

2. 控制情绪的重要性

控制情绪是我们日常生活中至关重要的一项技能。情绪是一个复杂的心理现象，可以影响我们的思维、行为和决策。

控制情绪有助于我们在面对挑战和压力时保持冷静和理智。当我们处于紧张或激动状态时，可能容易做出冲动的决定或表现出冒失的行为。相反，如果我们能够控制自己的情绪，就能更好地倾听和理解他人的观点和需求，从而在冲突中寻求平衡和解决方案。这种冷静和理性的思考方式有助于我们做出更明智的决策，并在处理复杂问题时保持冷静和专注。

控制情绪有助于建立良好的人际关系。当我们能够控制自己的情绪时，更容易与他人建立信任和亲密关系。当我们能够表达自己的情感并倾听他人的感受时，就能建立更深入的关系和理解。

此外，控制情绪对于个人成长和发展也有着积极的影响。通过学习如何管理自己的情绪，我们可以发展出更强大的自我意识和自我控制能力。这种能力有助于我们在面对挑战和困难时保持积极的心态，并从失败和挫折中吸取教训，重新振作。

3. 充分沟通以了解对方的立场和观点

在处理冲突时，充分沟通是关键。通过与对方进行充分的沟通，我们可以更好地了解对方的立场和观点，并寻求共同的解决方案。以下是沟通的重要性。

充分沟通有助于建立信任。在与对方交流时，我们需要倾听对方的意见，尊重他们的观点，并展示出我们愿意与他们合作的态度。这种互动有助于建立互信关系，使双方更容易接受彼此的观点和建议。

充分沟通有助于寻找共同点。每个人都有自己的价值观和关注点，但也有一些共同点，如都希望解决问题并保持关系和谐。通过充分沟通，我们可以找到这些共同点，并利用它们作为基础来寻求问题解决方案。

此外，充分沟通还可以帮助我们更好地理解对方的立场和观点。在冲突中，我们可能会对某些问题有不同的看法和理解。通过倾听对方的意见，我们可以更好地了解对方的立场和观点，并寻找双方都能接受的解决方案。

4. 达成共识

冲突的解决需要双方共同努力，通过充分的沟通和了解，达成共识。这种解决方案应该是基于双方的利益和需求，同时考虑到双方的期望和要求。在解决冲突的过程中，双方应该尊重彼此的观点和立场，积极倾听对方的意见和建议，寻求共同的解决方案。

双方应该坦诚地表达自己的观点和需求，并尊重对方的观点和需求。首先，这需要双方都愿意放下自己的成见，以开放的心态去理解和接纳对方。其次，双方应该寻求共同利益和合作机会，通过合作来创造更大的价值。这需要双方都愿意放弃一些短期的利益，以实现长期的合作和发展。

双方应该建立信任和合作关系，通过沟通和协商来解决问题。这种合作关系应该建立在平等、互利、共赢的基础上，通过建立良好的沟通渠道和机制，确保双方的沟通畅通无阻。

第三章

高校商务日语课程中的文化教学现状

第一节　商务日语课程中的文化教学内容

一、日语商务文化概述

（一）历史背景

日本商务文化源于古代中国的商业传统，并在近代经历了多次变革。"二战"后，日本经济迅速崛起并成为全球重要的经济体之一，同时商务文化也发生了深刻的变化。这种变化不仅体现在经济层面，还涉及社会、文化、教育等层面。

1. 经济层面

"二战"后随着日本经济的崛起，商务文化也随之发生了变化。日本企业开始注重创新和效率，注重团队合作和沟通，注重客户服务和产品质量。这些变化使得日本商务文化在全球范围内得到了广泛的认可和赞誉。

此外，日本商务文化也注重市场调查和分析，注重市场细分和定位，注重品牌建设和营销策略。这些变化使得日本企业在市场竞争中具有更高的适应性和灵活性。

2. 社会层面

日本商务文化在社会层面也发生了变化。随着社会的发展和进步，日本企业开始注重员工的培训和发展，注重员工的福利和待遇，注重员工的心理健康和精神健康。这些变化使得日本企业更加注重员工的全面发展，提高了员工的工作满意度和职业忠诚度。

此外，日本商务文化也注重社会责任和环保意识，注重企业的可持续发展和社会责任。这些变化使得日本企业在市场竞争中具有更高的信誉度和良好的形象，也符合社会发展的趋势。

3. 文化层面

日本商务文化在文化层面也发生了变化。随着全球化和文化交流的增加，日本企业开始注重跨文化交流和合作，注重本土文化和国际文化的融合。这些变化使得日本企业在国际市场上具有更高的竞争力和适应性。

此外，日本商务文化也注重礼仪和礼貌，注重沟通和协调，注重团队合作。这些变化使得日本企业在商务往来中具有更高的礼仪和素养，也符合商业交往的规范。

4. 教育层面

日本商务文化在教育层面也发生了变化。随着教育的发展和改革，日本企业开始注重员工的职业培训和教育，注重员工职业技能和素质的提升。这些变化使得日本企业在人才培养方面具有更高的针对性和实效性。

此外，日本商务文化也注重创新和创业精神的培养，注重学生的实践能力和创新能力的培养。这些变化使得日本企业在人才培养方面具有更高的前瞻性和战略性。

（二）等级观念

等级观念是日本商务文化中一个显著的特点，这种观念在上下级关系中表现得尤为明显。

明确上下级关系。在日本商务文化中，等级观念强调上下级之间的明确关系。上级或资深员工通常具有更高的地位和权威，他们承担着指导和监督的责任。这种明确的等级制度有助于维护秩序的稳定。

指导和建议。上级或资深员工对下级或新员工给予更多的指导和建议，这是等级观念在商务交流中的一种体现。这种指导不仅有助于新员工更快地适应工作环境，也有助于提高整体工作效率。

维护秩序。明确的等级观念有助于维护企业内部的秩序。在等级制度中，每个人都清楚自己的职责，这有助于减少冲突和混乱。

限制个人发展。在某些情况下，下级或新员工可能受到上级或资深员工的压制，导致其缺乏创新意识和进取心，从而限制了个人的发展。

价值观。等级观念与日本人的价值观密切相关。在日本社会中，尊重长辈、遵守规则和保持秩序被视为重要的价值观。这种观念的形成与日本的历史、社会结构等因素有关。

适应与调整。尽管等级观念在日本商务文化中占有重要地位，但个人和企业仍需适应并调整与这种观念相符合的工作方式。建立良好的沟通渠道、提供培训和发展机会以及建立公平的晋升机制，有助于突破等级观念的限制，并促进个人和企业的成长。

促进合作。在某些情况下，明确的等级观念也有助于促进团队合作。上下级之间的紧密联系和互相支持可以增强团队凝聚力，使工作更加高效。

（三）尊重权威

尊重权威在日本商务文化中的重要性体现在以下方面。

1.尊重上级和前辈

这种尊重不仅是对个人地位的认可，更是对他们的经验和知识的尊重。在日本的商业环境中，尊重上级和前辈是一种文化传统，也是一项基本的社会规范。上级通常是指在企业中职位较高的人士，他们通常拥有更丰富的工作经验和专业知识，能够为企业的发展提供重要的指导和支持。前辈是指在企业中工作较长的时间，积累了丰富经验的人士。尊重前辈不仅是对他们的认可，也是对企业的历史和传统的尊重。

这种尊重上级和前辈的文化有助于建立一种稳定的工作环境。在这样的环境中，员工可以更好地了解企业的历史和传统，为企业的长远发展做出贡献。尊重上级和前辈也是对企业忠诚的表现。这种忠诚有助于增强企业的凝聚力，使企业成为更有具有竞争力的团队。

当然，尊重上级和前辈并不意味着盲从。员工应该保持自己的独立思考和是非判断能力，但在表达自己的观点和意见时，应以尊重的态度与上级或前辈进行沟通。这样才能建立起健康、稳定、有序的工作关系。

2. 遵守规章制度

在日本商务文化中，遵守企业制度是至关重要的。这种文化强调秩序性、纪律性和规范性，强调员工对企业的忠诚和尊重，以及对企业价值观和文化的认同。

企业制度涉及招聘、培训、绩效评估、薪酬福利、合规管理等方面，是企业文化和价值观的制度体现。企业的制度是基于企业价值观和商业目标而制定的，既是企业管理的基础，也是员工行为的准则。遵守企业制度意味着员工认同企业的文化和价值观，同时也表明员工对企业的忠诚和责任心。

遵守企业制度有助于减少工作中的错误，有助于维护企业的形象和声誉。一个遵守企业制度的员工，能够向外界展示企业专业、诚信和负责任的形象。

（四）团队协作

团队协作是日本商务文化中的重要组成部分，强调员工之间的协作，共同解决问题，有助于形成良好的工作氛围。

1. 强调团队合作

团队合作是日本商务文化中的重要组成部分，这种文化理念在许多企业中得到了广泛的认可和实践。在日本的商业环境中，团队合作不仅是一种工作方式，更是一种生活态度和价值观的体现。它强调的是集体的智慧和力量，鼓励员工之间互相支持、互相帮助，以达到共同的目标。

日本员工通常会积极参与团队合作，与同事共同完成任务和项目。他们不仅关注自己的工作表现，还重视与团队成员之间的协作。他们尊重每个人的意见和想法，愿意倾听他人的观点，并在需要时提供帮助。这种团队精神和合作态度使得员工们能够共同应对挑战，共同成长。

团队合作在日本的商务文化中发挥着重要的作用。通过团队成员之间的协作和配合，可以更快地完成任务和项目，减少重复工作避免浪费时间。此外，团队合作还能够促进团队成员之间的沟通，从而更好地理解和尊重彼此的意见和想法。这种交流和互动可以增强团队凝聚力，提高员工的企业归属感和忠诚度。

团队合作能够促进员工之间相互尊重和理解。在团队合作中，每个成员都有自己的角色和职责，他们需要相互支持和配合才能完成任务。这种合作方式可以帮助员工更好地了解彼此的工作方式和思维方式，从而更好地理解和尊重彼此的意见和想法。这种相互尊重和理解可以增强团队的凝聚力和稳定性，有利于企业的长期发展。

团队合作能够促进员工们的自我成长和发展。他们通过与同事的互动和合作，不断提高自己的能力和技能水平。同时，他们也积极向团队成员学习，汲取他人的经验和智慧。这种自我成长和发展的心态，可以帮助员工更好地适应企业和市场的发展变化，为企业的发展贡献自己的力量。

2. 共同解决问题

在日本的商务文化中，团队协作的重要性被深深地烙印在每一个成员的心中。这种重视团队协作的文化源于一种共同解决问题的方式，这种方式强调的是团队成员之间的互动和合作，而非个人的单打独斗。当面临问题时，日本商务团队中的成员会团结一致，共同探讨、分析和寻找解决方案。

这种问题解决的过程并非简单的讨论和争论，而是通过深度交流和共同思考，将问题置于一个更广阔的背景中，以便更好地理解其根源和影响。团队成员会积极倾听彼此的观点，尊重不同的意见，并从中汲取灵感。他们不仅关注问题的表面，还深入挖掘问题的本质，以寻求最佳的解决方案。

这种解决问题的过程能够增强团队成员之间的信任和合作。通过共同面对问题，团队成员能够建立起深厚的互信关系，彼此尊重、理解和支持。他们愿意分享自己的知识和经验，共同成长，互相学习。这种信任和合作不仅有助于提高工作效率，还能够增强团队的凝聚力，使团队成员更加紧密地团结在一起。

同时，共同解决问题的过程能够提高解决问题的能力。在面对问题时，团队成员会不断地挑战自己，积极寻找新的思路和方法。他们通过分析问题、比较不同解决方案的优缺点，从而做出最佳决策。这个过程中，团队成员不仅能增强自己的专业知识，还能培养出一种独立思考和解决问题的能力，这在任何商务环境中都是至关重要的。

3. 注重良好的沟通

沟通质量直接影响团队的工作效率和成果。在日本文化中，员工通常会积极与同事交流，分享自己的意见，同时也倾听他人的意见和建议，这种沟通方式能够促进团队成员之间的理解和尊重，增强团队的凝聚力和合作精神。

积极沟通有助于增强团队成员之间的信任。通过有效的沟通，团队成员既增进了对彼此的了解，增强了团队成员之间的默契，也使工作氛围变得开放、包容。

良好的沟通方式有助于促进团队协作中的共识和合作。通过分享自己的意见，团队成员可以更好地了解彼此的需求和期望，进而制定更加合理和可行的解决方案。同时，倾听他人的意见和建议也有助于拓宽团队成员的视野和思路，激发创新和创造力。在相互尊重和理解的基础上，团队成员可以更好地协作和配合，共同实现团队的目标和愿景。

良好的沟通有助于提高团队的工作效率。通过有效的沟通和交流，团队成员可以更好地了解彼此的工作进度和工作成果，进而及时调整工作方向和工作方法。同时，在协作中不断学习和成长，提高自己的专业能力和素质，为团队创造更多的价值和贡献。

当然，在注重沟通的同时，我们也需要注意一些问题。首先，沟通的方式和语言需要符合团队的背景和文化，避免产生误解和冲突。其次，沟通需要建立在相互尊重和理解的基础上，避免过于强势或过于依赖个人意见的情况出现。最后，沟通需要注重实效性和可行性，避免空谈或无效沟通的情况发生。

4. 尊重个体差异

尊重个体差异是团队协作中不可或缺的一部分。在团队中，每个人都有自己的想法、观点和风格，这些差异是团队多元化的一部分，也是团队进步和创新的基础。在尊重个体差异的基础上，团队可以更好地理解和接纳彼此，从而增强团队的凝聚力和协作能力。

在日本的商务文化中，尊重个体差异的理念得到了充分的体现。日本员工通常非常尊重他人的意见和想法，他们相信每个人都有自己的价值，应该被平等对待和尊重。这种尊重差异的态度不仅在日本商务文化中得到了广泛的认可，也在全球范围内得到了广泛的赞誉。

尊重个体差异能够增强团队的包容性和多元化。在一个多元化的团队中，每个人都有自己的背景、经验和技能，这些差异可以为团队带来新的视角和思考方式。通过尊重个体差异，团队成员可以更好地理解和接纳彼此，从而消除误解和冲突，增强团队的凝聚力和协作能力。这种包容性和多元化的团队文化可以提高团队的工作效率和创新能力，为团队的发展打下坚实的基础。

在团队协作中，尊重个体差异的重要性不容忽视。首先，尊重个体差异可以增强团队的凝聚力和协作能力。当团队成员意识到每个人都值得被尊重和重视时，他们会更愿意积极参与团队工作，关注团队的利益和目标。其次，尊重个体差异可以促进创新和进步。当团队成员敢于表达自己的想法和观点时，他们可以带来新的想法和观点，从而推动团队不断进步和创新。最后，尊重个体差异可以营造一个更加开放和包容的环境，这对于团队成员的身心健康和职业发展也具有重要意义。

5. 鼓励分享

在日本的商务文化中，团队协作的精神得到了特别的重视。这种重视不仅体现在团队成员之间的协作和配合，更体现在他们对于分享的推崇上。在这样的文化背景下，员工们通常会积极地将自己所掌握的知识和技能与其他同事分享，共同提高团队的技能水平和综合能力。这种乐于分享的氛围，不仅有助于团队的成长和发展，更能够增强团队的凝聚力和竞争力。

分享在日本商务文化中的重要性源于其对于团队协作的深刻理解。在许多日本企业中，团队协作被视为一种重要的工作方式，能增强团队的凝聚力和战斗力。在这样的环境下，员工们更愿意主动分享自己的知识和技能，因为他们明白这样做不仅能够提高整个团队的能力，还能够为自己带来更多的成长机会。

分享有助于提高团队的技能水平和综合能力。在一个团队中，每个成员都有自己的专长和优势，通过分享和交流，这些优势可以得到更好的发挥和利用。同时，通过共享经验和知识，团队成员可以更快地成长，更深入地理解事物的内涵，从而更好地解决问题。这样的过程不仅能够帮助团队更好地完成任务，还能够提高整个团队的技能水平和综合能力。

此外，分享能增强团队的凝聚力和竞争力。当团队成员愿意分享自己的知识和经验时，他们之间的关系会更加紧密，团队更具凝聚力。

这种分享的氛围也有助于培养一种积极向上的企业工作氛围。在这样的文化氛围下，员工们会更加注重学习和成长，更加关注团队的发展和进步。这种企业文化不仅有利于企业的发展，还能够为员工带来更多的成长机会和成就感。

（五）时间观念

日本人的时间观念极为强烈，时间观念反映了日本人的工作态度，也体现了他们对时间和效率的重视。

1.准时或提前到达

日本人严谨、自律，通常会准时或提前到达约定场所。他们深知迟到会浪费他人的时间，影响会议的进程，甚至可能给对方留下不佳的印象，因此会提前规划行程，确保按时到达，减少不必要的等待。

准时或提前到达是一种基本的礼貌，也是尊重他人的表现。在与人交往的过程中，日本人会尽可能地考虑对方的实际情况，为建立良好的人际关系做出努力。

日本人注重自我管理，会积极主动地安排自己的时间，按时完成工作并保持良好的工作表现。

2. 遵守约定时间

遵守约定时间是一种优秀的品质，日本人认为这是一种尊重他人和自我的表现。

遵守约定时间有助于建立良好的人际关系。当一个人能够准时到达约定的地点时，会给人留下守信用的印象；如果一个人经常迟到或更改约定的时间，那么他将失去他人的信任，进而影响到人际关系和职业发展。

遵守约定时间有助于提高工作效率。在现代社会，时间就是金钱，时间就是效率。按时完成任务有助于我们得到同事和上级的信任，与之相反，如果我们经常拖延或浪费时间则会影响到整个团队的效率。

遵守约定时间有助于培养自我管理的能力。在日常生活中，我们经常会面临各种任务和挑战，合理安排时间和资源是自我管理的重要方面。通过遵守约定时间，我们可以更好地规划自己的时间和任务，避免浪费时间和精力。这种自我管理能力的培养将有助于我们在职场上取得更好的成绩和成长。

当然，遵守约定时间并不意味着机械地遵守时间表上的所有规定。在某些特殊情况下，我们需要灵活变通或调整时间安排。例如，当遇到交通堵塞或其他不可抗力时，我们必须更改约定时间，与合作方沟通并取得对方的理解。

3. 高效工作

日本人对于时间的高度重视不仅体现在日常生活中，更深深地渗透到他们的工作方式中。这种时间观念反映在工作态度上，使得他们在面对工作的时候能够表现出高效、精准和专业的特点。

日本人倾向于尽快完成任务，不仅是追求速度，更看重质量。他们会考虑如何用最短的时间达成最好的效果，尽量避免浪费时间和资源。这种高效工作的态度使他们能够更高效地完成工作，同时也有助于提高生产力。

日本人注重工作与生活的平衡。良好的工作态度不仅包括对工作的专注和投入，还包括对个人生活和家庭责任的关注。日本人通常会留出一些时间来休息和放松，以便在工作中保持最佳状态。这种平衡的工作态度不仅有助于提高工作效率，也有助于维护自身良好的职业形象。

日本人的高效工作态度表现在他们的工作习惯上。他们通常会提前做好工作计划，并按照计划有条不紊地推进工作。他们善于利用各种工具和方法来提高工作效率，如使用表格、软件等。同时，他们也注重团队合作，通过有效的沟通和协作来提高工作效率。

当然，调整工作态度并非易事，需要我们不断提高专业素养，以及寻求专业的职业指导。如参加培训课程、向行业内的专家请教等途径可以帮助我们更快地适应这种高效工作的模式，更好地把握工作节奏。

4.尊重他人的时间

时间是一种宝贵的资源，日本文化尤其重视时间观念。日本人不会在别人不便时打扰对方。这种时间观念不仅是一种礼貌的体现，也是建立良好人际关系的关键因素。

日本人会根据对方的时间安排来选择合适的时间和地点进行交流。他们尊重对方的隐私，不会在不合适的时间或地点打扰他人；尽可能简洁明了地表达自己的想法，避免浪费时间在冗长的讨论和无意义的交流上。这种尊重时间的态度，不仅仅是一种表面上的礼貌行为，更是一种深入人心的文化价值观。

尊重他人的时间有助于建立稳定的人际关系，有助于提高工作效率。我们应该将尊重他人的时间作为基本的行为准则，尽可能提前安排自己的时间和计划，避免在不合适的时间打扰他人。

（六）礼仪规范

在日本文化生活中，礼仪是重要的组成部分，因此基于文化角度分析日本商务礼仪具有一定的现实意义。

1.问候

礼仪规范在一定程度上反映了日本的文化内涵。在日本，鞠躬是一种传统的问候方式，可表示敬意、歉意或感谢；问候是一种深具仪式感的交流方式，并非简单地打招呼，而是表示礼貌，以及对他人的尊重。

在商务场合，鞠躬被赋予了特殊意义。日本人常用鞠躬传达自己的诚意和善意，增强人与人之间的情感联系。鞠躬不仅是一种身体语言，更是一种心理状态的表达。通过鞠躬，日本人展示了自己的谦虚、恭敬和尊重。

2. 握手

作为一种常见的礼仪，握手表示尊重，也能展示个人的职业素养。日本人认为握手可以传达出对他人的尊重，在商业环境中，一个人的职业素养往往是通过其言行举止来体现的。在握手时，手部动作干净利落、有力适中，是判断一个人身体状况、精神状态及专业能力的因素之一。

3. 用餐

在商务宴请或招待客户时，日本人注重餐桌布置、餐具使用、食物品尝等方面的礼仪规范，以此表现自己的礼貌和尊重，增强自己在客户心中的形象。

日本人通常会考虑到座位安排、灯光照明、餐桌尺寸、餐具摆放等因素，选择环境舒适的高档酒店招待客人；选择新鲜、美味、营养丰富的食物，使用筷子或刀叉等餐具；尊重客人的选择，注意自己的言行举止，避免做出不礼貌的行为。例如，他们不会大声喧哗，不会随意批评食物，还会对服务人员表示感谢。同时，良好的用餐礼仪可以提高我们在客户心中的形象。

4. 赠送礼品

日本人为了表达自己的诚意，通常会赠送一些小礼品给客户，以增进彼此之间的友谊。日本人在邀请客户参加商务活动时，会根据客户的喜好选择具有代表性、实用性和独特性的礼品，精心包装后郑重地赠予对方。

（七）沟通方式

日本商务文化中的沟通方式确实相对保守和正式，这种沟通方式在保持工作的严谨性和秩序性方面能发挥重要作用，同时也能够避免误解和冲突。

1. 书面沟通

在日本的商务文化中，书面沟通往往比口头沟通更为常用。书面沟通为思考提供了更多的时间和空间。在日本文化中，细致、深思熟虑的决策过程是至关重要的。通过书面沟通，人们可以深思熟虑、仔细斟酌每一句话，准确、完整地传递信息，使决策过程更为谨慎，减少一时冲动导致的错误决策。

书面沟通能够避免口头沟通可能出现的误解。在日本文化中，冲突和矛盾往往被视为不可接受的，书面沟通时双方可以仔细推敲每一条信息，从而避免口头沟通可能出现的误解。

书面沟通能够保持工作的严谨性和秩序性。在商务往来中，任何一点混乱都可能导致重大的损失。书面沟通可以清晰地记录和传达信息，使工作流程更加有序。

当然，口头沟通也有其独特的优势，如可以迅速传达信息，更直观地表达情感和态度等。我们应该根据具体情况选择沟通方式。对于需要详细解释或记录的信息，应该书面沟通；对于需要迅速传达或表达态度的情况，应口头沟通。

2. 电子邮件和备忘录

电子邮件和备忘录是日本商务文化中常见的沟通工具。电子邮件通常用于日常工作中的简单沟通，如发送通知、请求、确认等。通过电子邮件，人们可以快速地发送和接收信息，并且可以轻松地保存和组织收到的邮件。此外，电子邮件还可以通过附件的形式发送文件，方便了文件的传输和分享。

备忘录则是一种更为正式和重要的沟通工具，多用于记录重要的工作事项或决策。在商业环境中，备忘录通常用于记录会议讨论、重要决策、合同条款等重要信息。备忘录通常由专业的商务人士撰写，并且需要经过审批和签署才能生效。

使用电子邮件和备忘录有助于保持工作的严谨性和秩序性。在商业环境中，工作流程和职责分工通常非常明确，每个员工都有自己的职责和工作范围。通过使用电子邮件和备忘录，人们可以清晰地了解彼此的工作进展和需求，避免混淆和误解。此外，使用电子邮件和备忘录还可以帮助人们更好地记录和组织工作信息，以便日后参考和使用。

此外，电子邮件和备忘录有助于提高工作效率和协作能力。通过使用电子邮件和备忘录，人们可以快速地传递和分享信息，避免了面对面沟通中的时间和精力浪费。同时，使用电子邮件和备忘录还可以促进团队成员之间的协作和沟通，有助于提高团队的整体效率和执行力。

在撰写电子邮件和备忘录时，商务人士应该注重语言表达的准确性和清晰性，确保信息传递的准确性和完整性。同时，还应该注意遵循邮件和备忘录的格式和规范，确保邮件和备忘录的专业性和正式性。总之，使用电子邮件和备忘录是商务沟通中非常重要的一部分，需要商务人士认真对待并注重细节。

（八）尊重隐私

确实，日本人在人际交往中非常注重尊重他人的隐私，这种观念和行为方式在他们的商务往来中也得到了充分体现。

1. 个人空间

在日本的日常生活中，我们常常能够感受到一种对于个人空间和隐私的尊重，这种尊重不仅仅体现在身体上，也体现在心理层面。

在日本，人们非常注重保持社交距离，尤其是在公共场合，不会轻易触碰他人的身体，即使是亲密的朋友或家人。如果不小心触碰了他人的身体，他们会表现出惊讶或者不悦。日本人也不会随意翻阅他人的私人物品，他们认为这是对他人隐私的侵犯，也是对其个人空间的侵犯。在公共交通工具上，日本人尽量与他人保持距离，避免身体接触；在公园或商场等公共场所，日本人也尽量避免打扰他人。这种身体上的距离感不仅体现了对个人的尊重，也体现了对公共空间的尊重。

除了身体上的尊重，日本人也注重心理上的个人空间。他们通常不会轻易询问他人的私人问题，也不会轻易侵入他人的内心世界。他们认为每个人都有自己的私人领域，这个领域应该得到尊重和保护。因此，他们通常会避免谈论他人的私事，以免侵犯他人的隐私。这种对于个人空间和隐私的尊重也体现在日本人的人际关系中。他们通常会与他人保持一定的距离，避免过于亲密的关系。他们认为过度的亲密关系可能会侵犯他人的隐私和个人空间，从而破坏人际关系。

2. 个人信息

个人信息保护是现代社会中非常重要的一项议题，特别是在高度数字化的时代，如何保护个人隐私和信息安全成了每个人都必须面对的问题。在这一点上，日本人表现出了非常高的重视程度，他们对于个人信息的保护有着自己独特的方式和理念。

日本人非常注重保护他人的私人信息，他们认为这是对他人尊重的表现。在商务往来中，他们通常会避免过度询问或涉及他人的私人问题，如家庭、婚姻、财务等。他们认为这些信息属于个人隐私，不应被轻易侵犯。这种观念也反映在他们的日常行为中，比如在公共场合，日本人很少谈论他人的私事，也不会随意泄露他人的个人信息。

日本人非常重视信息的保密性。他们通常会采取各种措施来确保自己的信息不被泄露。比如，在处理电子文件时，他们会使用加密技术来保护文件的安全；在社交媒体上，他们会设置个人信息的可见度，只分享必要的信息；在公共场合，他们会保持警觉，防止自己的信息被窃取。

此外，日本人也注重信息的合理使用。他们认为，在处理个人信息时，必须遵守相关的法律法规和道德规范，不能随意使用他人的信息。他们通常会尊重对方的意愿，不会在没有得到对方同意的情况下使用其个人信息，也会积极配合相关部门的工作，确保个人信息不会被滥用或泄露。

3. 避免过度探究

日本人注重保持社交距离，总是避免过度探究他人的私生活。这种态度源于他们对于人际关系的理解，他们认为过度追问、深入探究他人的隐私可能会引发不必要的冲突，所以注重尊重彼此的隐私，维持人际关系的和谐稳定。

这种距离感并不是对他人的忽视，日本人会通过其他方式来表达自己的关心。适当的距离感能够让人们明晰自己的定位。

4. 建立信任基础

信任是人际关系的基石。无论是朋友之间的友情，还是商业合作伙伴之间的合作，信任都是建立在互相尊重和理解的基础上的。尊重隐私在建立信任关系中起着至关重要的作用。

日本人尤其重视尊重他人的隐私，他们认为这是建立信任关系的基础之一。他们相信，只有在对对方有足够的信任时，才能进行深入的商务往来。他们认为，尊重他人的隐私可以促进相互之间的信任，增强彼此之间的默契和合作。

在商业交往中，尊重他人的隐私意味着要尊重对方的个人空间和私人信息。这意味着不要过度追问对方的私生活，也不要试图窥探对方的个人信息。相反，应该给予对方足够的空间和时间来处理自己的事务，同时也要尊重对方的决定和隐私。

尊重他人的隐私还意味着要给予对方足够的信任和支持。在商业交往中，信任是建立在互相支持和理解的基础上的。只有当双方都相信对方是值得信赖的人时，才能建立长期的合作关系。

在建立信任关系的过程中，沟通也是至关重要的。良好的沟通可以增进双方的了解和信任，同时也可以及时解决问题和消除误解。在沟通时，应该注意礼貌和尊重对方的意见和感受。此外，还应该尽量避免使用攻击性的语言和行为，以免引起对方的反感和不信任。

5. 维护专业形象

维护专业形象是每个人在职业场合中必须重视的问题。日本人注重维护自己的专业形象，沟通时会尽量避免涉及私人问题或敏感话题，以展现出自己的职业素养。

个人隐私。日本人通常避免询问过于私人的问题，如家庭状况、收入水平、婚姻状况等。他们认为这些信息与工作无关，不应该在工作场合中讨论。这种做法不仅体现了对个人隐私的尊重，也展示了他们的职业素养。

人际关系。日本人通常避免谈及涉及敏感话题，如政治、种族等。他们认为这些问题可能会引发争议，破坏人际关系，不利于开展合作。

个人形象。日本人在商务往来中通常表现出专业的仪态和举止，认为个人形象体现了一个人的基本素养。

（九）企业文化

企业文化是组织内部价值观、行为准则等构成的一种独特的氛围，对于员工的行为和企业的运作都具有深远的影响。日本企业文化的核心是集体主义和忠诚度，不仅影响着员工的行为，也影响着企业的发展。

日本的企业文化强调员工对企业的忠诚度。员工严格遵守企业的规章制度，并为企业的长远发展而努力工作。在这种企业文化熏陶下员工感到自己是企业的一部分，愿意为企业的成功做出贡献。这种企业文化极大地降低了员工的流失率，使企业能够持续稳定发展。

日本企业通常重视员工培训，提供各种培训课程帮助员工提高个人能力、职业素养，增强了员工的归属感和忠诚度。

二、商务礼仪与礼节

（一）见面礼仪

1. 行鞠躬礼和微笑

在日本商务场合，鞠躬是一种常见的见面礼仪方式。行礼时，日本人会低头或弯腰，以表示尊重和谦虚。鞠躬的程度和时间长短根据关系的亲疏和场合的不同而有所变化。一般来说，关系越亲近或越正式的场合，鞠躬的程度就越大，时间也越长。微笑是日本商务场合的另一项重要特征。日本人非常注重人际关系的和谐，因此在商务会面中，微笑被视为一种礼貌和友好的表现。

2. 握手礼

握手礼是日本商务场合常见的见面方式之一。虽然鞠躬礼更为常见，但握手礼在日本社会中的地位也不可忽视。在正式场合，日本人通常会先鞠躬，再握手，以表示尊重和友好。

3. 交换名片

在日本商务场合，交换名片是一种常见的做法，被视为一种联系和尊重的表达方式。在初次见面时，日本人通常会主动交换名片，以示友好和建立联系的意愿。

4. 避免谈论个人问题或无关话题

在日本商务场合，避免谈论个人问题或与工作无关的话题是至关重要的。日本人注重集体主义和人际关系和谐，过于个人化和冲突性的话题可能会引起误解或尴尬。因此，在商务会面中，应将重点放在工作上，避免引入可能会引起争议或敏感的话题。

5. 语言简洁

日本人注重效率，因此在交流中应该避免过于冗长或烦琐的言辞。在回答问题、表达意见时尽可能地简明扼要，以便双方把握重点、节约时间。

（二）接待礼仪

接待礼仪是指在接待客人时遵循的礼节和规范，可以帮助我们建立良好的人际关系，以下是常用的接待礼仪。

打扫办公室。在客人到达之前，应该将办公室或会议室打扫干净，确保环境整洁、舒适。这样可以让客人感受到我们的热情和用心。

准备必要的物品。在接待客人时应准备好纸、笔、水杯等必要的物品，表示对客人的尊重。

迎接客人。当客人到达时，热情迎接，主动打招呼，让客人感受到我们的诚意。

提供帮助。客人有任何需要都应尽力提供帮助，体现我们的专业素养和友善态度。

提供点心。除饮品之外，我们还可以根据客人喜好提供精致的点心，以示我们的热情好客。

主动送客。当客人准备离开时，我们应该主动将其送出门外，并使用礼貌用语告别。

（三）拜访礼仪

拜访礼仪不仅可以让客户感受到尊重，还可以增进彼此之间的信任。

时间安排适当。在拜访客户前，充分了解客户的日程安排，选择合适的时机登门拜访，避免打扰到客户的工作或休息。

得到允许再进入。敲门并得到客户示意后再进入房间。

整理房间。拜访结束后整理好房间、确保物品回到原位，客户的环境不被破坏或弄乱。这也是对客户的尊重。

主动付账或告知费用明细。如果需要携带礼品进行拜访，应该事先告知客户费用明细或由自己主动付账，避免给客户带来不必要的麻烦或误会。

选择恰当的礼品。如果需要携带礼品进行拜访，应该遵循商务礼仪中的礼品礼仪原则，选择恰当的礼品，以表达自己的诚意和感谢之情。一般来说，实用性强、品质高和包装精美的礼品是比较合适的。

注意礼品的包装。礼品的包装也非常重要，应该选择合适的包装材料和图案，以体现自己的诚意和品位。同时，包装材料应该干净卫生、无异味。

赠送时机恰当。礼品的赠送时机也很关键，应该在适当的时机和场合赠送，以表达自己的诚意和感谢之情。

言谈举止得体。在拜访客户时，言谈举止应该得体，尊重客户的意见和感受，避免出现不恰当的言行举止。同时，不要耽误客户的工作或休息。

（四）宴请礼仪

商务宴请是商务交往中与客户沟通的重要方式，参加者需要了解基本的礼仪规范。

提前通知。邀请方应提前通知被邀请人宴请的时间、地点和主题等，以便被邀请人安排时间。

准时到达。参加宴请时，应准时到达，避免迟到或提前离席。穿着得体，符合宴请的主题和场合。

餐桌礼仪。在宴请过程中，要注意餐桌礼仪，如让菜、喝酒、倒茶等。使用餐具时要注意顺序，不要用手直接拿食物。尽量保持餐桌上的气氛愉快，避免谈论不愉快的话题。

用餐完毕。用餐完毕后主动买单或告知谁买单。如果是由邀请方买单，应该表示感谢。

送别客人。宴请结束后主动送别客人，并感谢主人的招待。

互相尊重。在宴请过程中，主客双方互相尊重，不要谈论不恰当的、敏感的话题，同时注意自己的言行举止。

注意卫生。在选择宴请地点和食物时要注意卫生，选择正规的餐厅或酒店，避免食用不卫生或过期食物导致食物中毒等问题的发生。

珍惜食物。适量点餐，避免浪费食物。如有剩余，应将食物打包带走或送回厨房保存。

提前了解相关信息。在参加商务宴请前，提前了解相关背景和主题等信息，以便更好地与主人和客人交流。

（五）礼品礼仪

企业为了增强与客户之间的感情，会在特定日期或场合赠送给对方纪念性礼品。商务礼品的价格既不能太昂贵，也不能太低端，可以带有企业名称、标志、广告语。

1.礼品选择

根据客户的喜好、身份、地位、职业等选择实用性较强的礼品，如办公文具类礼品、收藏纪念类礼品、健康休闲类礼品，恰如其分地表达自己的心意。

2.礼品包装

精美的包装不仅能够增强礼品的档次，还能传达出对客户的尊重。礼品包装应突出己方企业文化特色，贴上写有祝词和签名的卡片。

3.赠送时机

应选择合适的时机和场合赠送礼品，如商务会面、商务宴请、商务会议等场合，避免在对方工作繁忙或者情绪不佳时赠送礼品，以免引起对方的反感；赠送礼品时，可当面赠送，也可通过礼品人员或商务渠道转送。

4.收受礼品

接受礼品时，应双手接过，表示感谢，适当地称赞礼品的品质，并妥善保管。

需要注意的是，收受礼品应该遵守法律法规和职业道德规范，不能带有任何不正当的目的，否则会对双方的关系造成不良影响。

（六）语言礼仪

语言礼仪在商务场合中起着至关重要的作用，尤其是在日本这样具有鲜明文化特征的国家。

1.使用敬语

在日本商务场合，使用敬语是尊重对方和保持礼貌的体现。敬语的使用不仅是一种语言习惯，更是日本文化的重要组成部分。在与上级、长辈或客户交流时，使用适当的敬语可以建立良好的关系，增强信任和尊重。如果不使用敬语，可能会被视为不尊重对方，从而影响商务关系。

2.避免冒犯性语言

避免使用冒犯性的语言或俚语可以避免引起误解或冲突。在商务交流中，不可使用可能被视为不礼貌、粗鲁或冒犯的语言，以避免破坏商务关系。

3. 倾听与反馈

在商务场合中，倾听对方的意见和要求并给予适当的回应和反馈是非常重要的。通过倾听，可以更好地理解对方的观点和需求，从而更好地满足他们的期望。同时，给予适当的反馈可以表明自身对对方的关注和尊重，增强信任和合作关系。

4. 恰当的语气

使用恰当的语气可以让对方感到被尊重和理解。在商务交流中，语气应该保持礼貌、专业和友好。避免使用过于生硬或冷淡的语气，以免引起误解或不适。同时，注意语音和语调的变化，以传达积极的情感和态度。

（七）商务着装礼仪

着装礼仪体现了一个人的形象、风度、审美情趣、职业素养，也体现了一个企业的文化。

1. 正式场合

在正式场合，西装、衬衫和皮鞋是最常见的着装搭配。西装宜选择黑色、灰色、深蓝等深色的；衬衫宜选择浅色的，与西装颜色协调，如黑色西装配白色衬衫；皮鞋宜选择黑色或深棕色的。同时，着装不能过于随意或不得体，要保持服装整洁，以展示良好的职业形象。

2. 非正式场合

在非正式场合，休闲装是更轻松、舒适的着装选择，包括休闲西装、夹克等，颜色选择也更加多样，但仍然需要注意颜色的搭配和服装的整洁。

在商务往来过程中，保持职业形象和风度是非常重要的，包括注意个人卫生、衣着得体、姿态大方等，这些细节能给人留下良好的印象。

三、商务谈判技巧

（一）充分准备

商务谈判前的充分准备是成功谈判的关键因素之一，以下是准备工作的重要方面。

1. 背景调查

在谈判前了解客户的需求、实力和背景，可以更好地理解客户的立场，从而制定相应的谈判策略。通过研究客户的商业信誉、市场份额、产品或服务质量等，可判断客户对产品或服务的要求，以及他们对价格的敏感程度。

2. 谈判方案

需在谈判前制定详细的谈判方案，包括谈判目标、关键步骤、预期结果等，考虑可能出现的各种情况，有针对性地设计应对策略。

3. 谈判技巧

谈判技巧对于成功谈判至关重要，包括如何控制情绪、如何倾听、如何表达己方立场，以及互惠、双赢、协商等谈判策略。

4. 产品优势

了解己方产品或服务的特点、优势和不足可以在谈判中更好地展示产品的价值，了解市场行情可以更有针对性地表明己方的竞争优势。

5. 模拟谈判

模拟谈判过程可以更好地预测谈判中可能出现的问题，并制定相应的应对策略。谈判代表可以邀请团队成员进行模拟谈判，以检查己方的准备是否充分，以及是否有需要改进的地方。

在谈判中，态度和语气可能会影响对方的反应和决策。因此，需要调整自己的态度和语气，以便更好地与对方建立信任和合作关系。同时，也需要保持冷静和自信，以便在谈判中做出明智的决策。

（二）建立良好的沟通关系

建立良好的沟通关系在商务谈判中起着至关重要的作用，以下是一些关于建立良好沟通关系的建议。

尊重对方。尊重是建立人际关系的基础。在商务谈判中，尊重对方的人格、观点和决定是建立良好沟通关系的前提。通过倾听对方的意见并给予适当的反馈，表达对对方的尊重和关注，有助于形成互信和融洽的氛围。

倾听对方。倾听是建立良好沟通关系的关键，了解对方的立场和观点有助于更好地理解对方的意图，避免打断对方、争辩或指责对方，用开放式的问题引导对方表达意见，这样可以增强对方的参与感和信任感。

保持良好的沟通氛围。沟通氛围对建立良好的沟通关系至关重要。选择合适的时间和地点进行谈判，积极营造轻松、友善的沟通氛围，让对方感到舒适和放松，有助于双方更好地表达自己的意见。

友善和真诚的态度。友善和真诚的态度是建立良好沟通关系的重要因素。交流中需要保持微笑、眼神交流和适当的肢体语言，表达出友好和尊重的态度。同时，用真诚的语言表达自己的观点和意见，避免夸大或虚假宣传，这样可以增强对方的信任度和合作意愿。

适当运用语言技巧。适当运用语言技巧可以帮助双方建立良好的沟通关系。避免使用过于直接或攻击性的语言，而是用委婉、礼貌的语言表达自己的意见。同时，适当地运用幽默、比喻等语言技巧，可以缓解紧张气氛，增强双方的互动和交流。

保持专业素养。保持专业素养是建立良好沟通关系的基础。谈判前做好充分的准备，了解对方的背景和需求，同时注意自己的着装、言谈举止等方面的细节，展示出专业的形象和素质。这样有助于赢得对方的信任和尊重，增进双方的合作关系。

（三）保持客观、公正的态度

在商务谈判中，保持客观、公正的态度是非常重要的，它有助于建立互信的基础，为谈判的顺利进行创造条件。

避免个人情绪和偏见的影响。商务谈判是双方之间的互动，而不是单方面的展示或争论。在谈判过程中，我们可能会受到个人情绪和偏见的影响，从而对对方产生误解，导致不够客观，无法准确评估对方的要求。

听取对方的意见。在商务谈判中，双方都有自己的利益和立场。为了达成共识，我们需要认真听取客户的意见和建议，了解他们的需求和期望，找到共同的解决方案。

给予合理的反馈。在听取对方的意见和建议后给予合理的反馈，是建立互信的基础。我们的反馈应该基于客观事实和数据，同时也要尊重对方的观点和立场。

尊重对方的经验。在商务谈判中，客户可能具有专业知识和经验，而这些知识和经验可以帮助我们达成更好的协议。因此，我们需要尊重客户的专业性和经验，不要轻视对方的观点和要求，积极倾听和学习，深入了解对方的立场。

坚持公平、公正的原则。避免任何形式的欺诈、不公平行为，遵守法律法规，才能建立长期稳定的合作关系，赢得对方的信任。

（四）灵活运用谈判策略

在商务谈判中，灵活运用谈判策略和技巧是非常重要的。以下是一些常见的谈判策略和技巧，以及如何根据实际情况选择合适的策略。

让步策略。适时的让步可以表现出己方的诚意，同时也可以为接下来的谈判留下余地。但是要注意，让步要适度，不能无原则地让步，否则可能会让对方觉得己方软弱可欺，乘机哄抬价码。

拖延策略。适时的拖延可以给予对方一定压力，让他们感到时间的紧迫，也可以留给己方更多的思考和准备时间。

激将法。有时谈判中的一方因为某些原因而犹豫不决或者缺乏自信，这时可以采用激将法，激发其斗志和信心，让他们尽快做出决定。

对比法。对比不同的条件和选项，突出己方优势，让对方感到合作条款是合理和有利的。这种方法可以有效地引导对方的思维和决策，取得较好的谈判效果。

寻找共同点。在商务谈判中，双方都是为了追求共同利益而走到一起的，寻找双方之间的共同点是达成合作的前提。

倾听和反馈。及时倾听和反馈信息，可以更好地了解对方的想法和立场，从而应对谈判中的各种情况。

适时妥协。适时的妥协可以让对方感到我们的诚意，但是妥协不是无原则的让步，我们要保持己方的底线。

创造有利于己方的氛围。营造有利于己方的氛围可以提高谈判的成功率。可以通过一些轻松愉快的交流方式、友善的态度等来建立良好的关系，让对方感到舒适和放松，从而更容易接受己方条件。

（五）注重细节

所谓"细节决定成败"，一些看似微不足道的细节往往影响到谈判的成败。

座次安排。合适的座次安排能够让双方感到舒适和被尊重，有助于建立良好的谈判氛围。反之，可能会引起不必要的误解，影响谈判的顺利进行。

时间安排。事先确定好时间表和时间节点，以确保谈判能够按照预定的时间进行，让双方掌控谈判的节奏和进程，避免因时间过长或过短而影响谈判效果。

协议起草。协议是商务谈判的核心成果，其起草过程需要认真对待。协议的措辞、条款和表述方式需要仔细斟酌，确保双方都能够理解和接受，协议内容也需要考虑到各种可能的情况和风险因素，避免出现漏洞和争议点。

细节体现出一个人的专业素养，也体现出对谈判对象的尊重，有助于建立信任基础和巩固合作关系。

（六）及时跟进

谈判结束后，双方达成一致意见，签署合同。及时跟进合同落实情况，确保双方按照合同条款履行。

了解合作方的工作进展，积极回应合作方的合作请求，有助于加深双方之间的信任和合作关系。

在合作过程中难免会出现一些问题，及时跟进可以及时发现、解决问题，促进双方关系的进一步发展，在未来的合作中取得更多的收益。

及时跟进有助于双方达成目标，减少不必要的浪费和时间成本。

在商务谈判中，由于信息传递和沟通方式的不同，可能会存在误解或歧义的情况，及时跟进可以减少误解或歧义的产生。

（七）运用语言技巧

礼貌是建立良好关系的基础，在谈判中，我们应使用适当的敬语、问候语和感谢语，表达对他人的尊重和友好。这将有助于建立双方间的信任，使合作方更愿意倾听我们的意见。

在商务谈判中，我们应使用专业术语和行业用语，这不仅可以展示我们的专业素养，还能使合作方感受到我们的尊重和专业性。同时，简洁明了的表达方式更易于理解和接受，避免啰唆和冗长的表述。

攻击性或挑衅性的语言不仅会破坏谈判气氛，还可能引发合作方的反感和敌意。相反，我们应该使用平和、理性的语言，避免引发冲突。

在谈判过程中，我们要善于倾听合作方的意见，并给予积极的回应和反馈。这不仅表示我们对合作方的尊重，还能帮助我们更好地理解合作方的立场和观点，促进双方的沟通和理解。

适时的提问可以引导合作方表达更多的信息和观点，同时也能展示我们对谈判内容的关注和理解。提问时要注意语气和用词，避免引起合作方的反感。

在谈判过程中，可能会遇到各种问题和挑战，这时我们要保持冷静，避免情绪化的表达。冷静的思维和语言更有助于我们做出明智的决策。

谈判过程中可能会遇到突发状况或合作方提出的要求超出预期，这时我们要保持灵活，善于调整策略和语言，以适应不断变化的情况。

在谈判结束后，我们要善于总结和归纳双方达成的共识，以展示双方的共赢态度。同时，我们也要积极寻求进一步的合作机会，为未来的商业关系打下坚实的基础。

四、商务沟通与合作

（一）书面沟通

书面沟通是商务交流中必不可少的一部分。日本人通常会使用简洁明了的语言，注重表达的逻辑性和条理性。因此在书面沟通中需要清晰地表达自己的观点和意见，并按照一定的逻辑顺序进行组织。

日本人通常会使用正式的文体和格式来体现商务交流的专业性。在与日本人进行书面沟通时，需要注重措辞的准确性和专业性，避免使用过于口语化的语言或过于简略的表达方式。

（二）口头沟通

口头沟通在商务交流中同样重要。日本人通常会委婉、谦虚、礼貌地表达自己的观点，因此在与日本人口头沟通时，态度应委婉和礼貌，不可过于强势。同时，尝试理解对方的立场，以便更好地达成合作。

（三）跨文化沟通

在商务交流中，跨文化沟通是一个重要的挑战。日本文化与中国文化存在较大的差异，只有了解日本文化的特点才能更好地与日本人进行沟通和合作。

（四）团队合作

在日本文化中，团队合作被视为价值观的重要体现之一。与日本人合作时，需要与团队成员共同努力、互相支持、共同解决问题，也要尊重他人的意见，以达成共识并推动合作进展。

在团队合作中维护良好的团队关系非常重要。尊重团队成员的意见，积极倾听他们的建议，主动分享自己的经验和知识，帮助团队成员成长和提高。良好的团队关系可以促进合作，提高工作效率，达成共同目标。

五、商务合同与法律制度

（一）合同的主要内容和形式

合同是商业活动中必不可少的一部分，规定了交易双方的权利、义务、违约责任和争议解决等重要事项。在日本商务中，合同的主要内容包括交易内容、双方的权利和义务、违约责任、争议解决的方式和方法等。

交易内容是合同的核心部分，规定了双方交易的具体商品或服务种类、数量、质量、价格、交货时间等重要事项。在签订合同时，双方应明确约定这些内容，以确保交易的顺利进行。此外，双方还可以根据实际情况，约定其他交易事项，如运输方式、保险、支付方式等。

双方的权利和义务是合同的重要组成部分。在合同中，双方应明确各自的权利和义务，以确保交易的公平性和合理性。如卖方应保证所提供的商品或服务符合约定，并按照约定的时间交付；买方则应按照约定支付货款，并按照约定的方式验收商品或服务。如果一方违反了合同中的权利和义务，则应承担相应的违约责任。

违约责任是合同中不可或缺的一部分，规定了如果一方违反合同中的权利和义务，应承担的法律责任和后果。在签订合同时，双方应明确约定违约责任的具体内容，如赔偿金额、支付方式等。如果一方违反了合同中的任何一项条款，另一方有权要求对方承担相应的违约责任。

商业活动难免会出现一些争议和纠纷，因此双方应在合同中约定解决争议的方式和方法。常见的争议解决方式包括协商、仲裁、诉讼等。双方应根据实际情况选择最适合的方式解决争议。

合同形式常见的有契约书、定型化契约书、代理合同、加工承揽合同等。契约书是一种较为灵活的合同形式，可以根据交易内容和双方的需求进行修改和补充。定型化契约书则是一种较为固定的合同形式，规定了双方交易的基本内容和原则，适用于较为简单的交易。代理合同适用于代理销售或其他代理业务，双方应明确约定代理的范围、权利和义务等事项。加工承揽合同则适用于加工制造等业务，双方应明确约定加工制造的规格、质量、价格、交货时间等事项。

（二）合同的签订和执行

1.充分了解合作方

在签订合同前，双方应充分了解对方的商业背景，确保对方具备履约能力。如果某一方信誉不佳或缺乏履约能力，会给合同执行带来风险。双方可以采取多种方式，如查阅营业执照、税务登记等相关证件，了解其经营状况和业务范围，还可以通过交流、调查等方式进一步了解对方的商业信誉和履约能力。

2.使用规范的合同文本

签订合同时使用规范、合法、完整的合同文本，假如没有合同模板，可根据合作条款协商合同草案，请律师进行审核和修改。在签订合同时，双方需认真阅读合同条款，并在合同上签字和盖章，以表明对合同内容的认可和遵守。

3. 明确双方的义务和责任

在合同中应明确双方的义务和责任，以确保双方在合作过程中能够按照约定履行义务。双方应确保在合同执行过程中，严格按照合同约定履行义务，如有违约行为，应承担相应的违约责任。违约责任可以包括罚款、赔偿、解除合同等措施，以确保合同的严肃性和执行力。

4. 建立有效的沟通机制

在合同执行过程中，双方应建立有效的沟通机制，及时解决合作过程中出现的问题。有效的沟通机制可以促进双方之间的信息交流和意见反馈，有助于及时解决问题，避免因沟通不畅导致的问题扩大化。双方可以采取多种沟通方式，如电话、邮件、会议等，确保信息传递的及时性和准确性。在沟通过程中，双方应保持诚实、客观、透明的态度，尊重对方的意见和建议，以达成共识和合作共赢的目标。

（三）法律制度对商务合同的支持和保障

在国际贸易和投资中，商务合同是双方之间达成的协议，也是商业交易的基础。健全的法律制度能为商务合同的签订、履行、争议解决等提供有力的支持和保障。

日本法律制度对商务合同的支持和保障主要体现在日本的合同法、商法等相关法律中。

1. 合同法

合同法是日本法律体系中非常重要的一部分，规定了合同的成立、变更、解除等程序和条件。在商务合同中，合同的签订和执行是关键环节。日本的合同法为日方在商务合同的签订中提供了法律基础，规定了合同变更和解除的条件、程序。

2. 商法

商法是日本法律体系中与商业活动相关的法律，规定了商业组织的设立、运营、解散等程序和要求。日本的商法为商业活动提供了法律保障，确保商业组织的合法性和合规性。在商务合同中，商业组织的合法性和合规性是非常重要的因素。日本的商法为日方商务合同的签订提供了商业组织的法律基础，同时也为商业组织的运营提供了法律保障。

此外，日本的商法还包含了商业交易中的税收、财务、知识产权等方面的规定和要求，为商务活动提供了更加全面的法律保护。

3. 其他相关法律法规

除合同法、商法等法律制度外，日本还有一系列相关法律法规，如知识产权法、反不正当竞争法等，为商务活动提供了全面的法律保护。这些法律法规不仅保护了商务合同中当事人的合法权益，还维护了市场秩序和公平竞争，促进了商业活动的健康发展。

在商务活动中，一旦出现合同纠纷，双方应首先通过友好协商的方式解决。如果协商不成，可以根据合同中约定的争议解决方式，如仲裁或诉讼等，寻求专业的法律机构或法院的帮助。在此过程中，双方应遵守相关法律法规和程序，确保纠纷的解决公正、公平、公开。同时，为了避免纠纷的发生，双方在签订合同时应尽量明确约定交易的具体内容、双方的权利义务以及违约责任等，以减少不必要的争议。

六、日本企业文化的特点

（一）团队精神

团队精神是企业发展的重要因素，强调团队成员之间的协作，有助于增强企业的凝聚力。员工通常积极参与团队活动，包括工作会议、团队建设、培训等。员工之间互相帮助，能够减轻个人压力和焦虑，提高综合素质，使企业可以更快地解决问题、实现目标，提高生产效率。同时，团队精神也有助于吸引和留住优秀人才，增强企业的凝聚力和稳定性。

除了以上方面，团队精神也有助于培养员工的归属感和忠诚度，提高员工的创新能力和解决问题的能力等。同时，企业在培养团队精神时也需要注重员工个体的发展和成长，建立良好的工作环境和氛围，以实现团队和个人共同发展的目标。

（二）注重细节

员工应在工作中追求卓越，不断提高自己的专业技能和职业素养。这种企业文化有助于提高员工的综合素质和工作能力，促进员工的职业发展，也有助于企业的长远发展，增强企业的信誉和口碑。

在市场竞争激烈的今天，品质是企业生存的关键，注重细节的企业将有机会获得更多的市场份额和客户信任。

（三）尊重传统

尊重传统是日本企业文化的重要组成部分。员工尊重企业的历史、传统和价值观，遵守企业的规章制度。这种尊重不仅有助于维护企业的稳定和秩序，也能提高企业的形象和声誉。

日本企业注重纪律和规范，员工严格遵守规章制度，尊重上级和同事，注重团队合作和沟通，这种职业操守有助于提高企业的形象和声誉，增强企业的竞争力。

尊重传统的企业文化能够维护企业的稳定和秩序。这种文化有助于避免员工之间的冲突和矛盾，减少企业内部的不稳定因素。同时，这种文化也有助于提高企业的形象和声誉，增强企业的竞争力。

尊重传统和纪律严明的企业文化有助于提高企业的形象和声誉。这种文化强调遵守规章制度和流程的重要性，注重团队合作和沟通，有助于建立良好的企业形象和声誉。这种形象和声誉有助于吸引更多的优秀人才加入企业，增强企业的竞争力。

第二节　商务日语课程中的文化教学方法

一、案例分析

（一）提高学生对商务文化的理解

商务文化对于商务环境和工作效率有着重要影响，因此提高学生的商务文化理解对于他们的职业发展至关重要。通过案例分析，学生不仅可以更直观地了解商务文化，还可以了解商务环境中可能出现的问题和挑战。

案例分析是一种非常有效的教学方法，能够帮助学生更好地理解商务环境中的规则和惯例，以及如何应对不同文化背景下的商务交流。通过分析实际案例，学生可以了解不同文化背景下商务交流的差异和特点，以更好地适应不同的商务环境。同时，案例分析也可以培养学生的批判性思维和问题解决能力，这些都是他们在职业生涯中必备的技能。

案例分析能够帮助学生理解商务环境的复杂性。不同文化背景下的商业伙伴可能会遵循不同的规则和惯例，因此理解和适应这些差异是非常重要的。通过案例分析，学生可以了解各种商务规则和惯例的实际应用，从而更好地应对商务环境中的挑战。

案例分析可以帮助学生了解国际商务礼仪的基本原则。商务礼仪是跨文化交际的重要内容，通过案例分析，学生可以了解不同文化背景下的商务礼仪，以更好地适应商务环境。

案例分析可以培养学生的团队合作和领导能力。通过分析实际案例，学生了解到如何在团队中更好地发挥自己的作用，如何与团队成员有效沟通，以及如何领导团队应对各种挑战。

（二）培养分析能力和解决问题的能力

分析能力和解决问题的能力能帮助学生更好地适应现实生活中的各种挑战。在商务环境中，解决问题的能力更是不可或缺的，它能使学生从不同的角度思考问题，找到最佳解决方案。案例分析不仅能帮助学生了解问题产生的背景，而且还能让他们探索不同的解决方案，从而提高分析能力和解决问题的能力。

分析问题、提出问题、解决问题的过程培养了学生的批判性思维。在解决问题的过程中，学生需要运用逻辑思维和创造性思维，从多个角度思考问题，并尝试寻找最佳解决方案。这种思维方式对于学生未来的职业发展是非常有益的。

通过案例分析，学生可以学习如何运用逻辑思维来分析问题。逻辑思维是一种有条理的思考方式，可以帮助学生在解决问题时厘清思路，找出问题的关键点，并制订合理的解决方案。在这个过程中，学生需要运用推理和分析能力，从已知的信息中找出规律和联系，从而得出结论。

案例分析还能帮助学生培养创造性思维。创造性思维是一种具有创造性的思考方式，鼓励学生尝试新的方法和观点来解决问题。通过案例分析，学生可以探索不同的解决方案，并尝试将这些解决方案应用到实际情况中。这不仅有助于学生找到最佳解决方案，而且还能培养他们的创新能力，提高他们的竞争力。

通过案例分析，学生还可以学习如何运用跨学科的知识和技能来解决复杂的问题。在商务环境中，出现的问题往往涉及多个领域的知识和技能，如市场、财务、人力资源等。通过案例分析，学生可以了解不同领域的知识和技能在解决问题中的重要性，并学习如何将它们结合起来，制订最佳解决方案。

（三）培养学生的跨文化交际能力

在全球化的背景下，商务日语课程不仅要求学生掌握日语语言知识和商务知识，还必须具备跨文化交际能力。

在商务交流中，不同文化背景下的行为和表达方式可能存在差异。因此，了解并尊重这些差异是建立有效沟通的关键。通过案例分析，学生可以学习如何识别并适应这些差异，从而在商务交流中更好地理解对方的需求，处理文化冲突、建立信任关系。例如，某些案例涉及跨国企业的商业合作或跨国项目的管理。学生可以从中学习如何在不同文化背景下进行有效的沟通和合作。

在全球化背景下，跨文化交际能力已成为商务人士必备的技能。案例分析类课程旨在帮助学生了解并适应不同文化背景下的商务交流，以提高学生的职业素养。例如，组织学生进行模拟商务谈判、商务会议或团队建设。

（四）促进学生的自主学习

促进学生的自主学习能力是教育领域中一个重要的目标。通过采用案例分析的教学方法，可以有效地激发学生的兴趣和主动性，培养他们的自主学习能力。

案例分析需要学生主动参与。教师可以选择一些具有实际背景的案例，这些案例可以涉及各种领域，如商业、科技、社会问题等。学生需要通过对这些案例进行深入地研究和分析，从而了解问题的背景和现状，提出解决方案。这种教学方法需要学生主动参与，积极思考，从而培养他们的独立思考能力和解决问题的能力。

在案例分析过程中，学生需要自己寻找相关的资料和信息，以便更好地理解案例和解决问题。这不仅可以锻炼学生的信息素养，还可以培养他们的自我导向能力。通过自己收集和分析信息，学生可以更加深入地了解问题，提出更有针对性的解决方案。

案例分析可以培养学生的批判性思维。在分析案例的过程中，学生需要批判性地看待问题，对各种观点和解决方案进行评估和比较。这可以帮助学生开拓思维边界，提高他们的判断力和决策能力。

案例分析可以培养学生的团队合作能力。在分析案例的过程中，学生需要与他人合作，共同解决问题。这可以帮助学生发展团队合作能力，以提高他们的沟通能力和协调能力。同时，通过与他人合作，学生还可以学习到不同的观点和思维方式，从而拓宽自己的视野和思维方式。

同时，教师可以采用其他多种教学方法来培养学生的自主学习能力，如项目式学习、合作学习、探究式学习等。这些教学方法都可以鼓励学生主动参与、自主探究、合作学习，从而培养他们的自主学习能力。培养学生的自主学习能力是一个长期目标，教师需要采用多种教学方法来促进学生的自主学习能力的发展。

（五）提高学生的综合素质

全面推进素质教育，培养符合新时代中国特色社会主义发展及时代需要的复合型人才是我国高等教育的战略任务。提高学生综合素质是高等教育的重要内容，是学生未来职业生涯取得成功的关键因素。

案例分析为学生提供了一个实际应用所学知识的机会。通过模拟商务环境中的真实场景，学生可以了解和掌握商务沟通技巧和解决问题的能力。这些技巧和能力的提升，不仅可以帮助学生更好地应对实际工作中的挑战，还可以提高他们的自信心和职业素养。

团队合作是案例分析的重要组成部分。同学间一起讨论和分析案例，这有助于培养学生的团队合作能力和沟通能力。通过相互协作和交流，学生可以学会倾听他人意见、尊重差异并寻求共识，这些能力对于他们在未来职场中建立良好的人际关系和营造良好的团队氛围至关重要。

同时，案例分析可以帮助学生拓展知识领域，使他们了解更多的商务知识和技能。通过分析和讨论不同的案例，学生可以深入了解不同的商务领域和行业，如市场营销、人力资源、财务管理等。这种多元化的学习方式有助于拓宽学生的视野，增强他们的综合素质和竞争力。

为了确保案例分析的有效性，教师需要选择具有代表性、真实性和挑战性的案例，并给予学生足够的时间和资源进行深入分析和讨论。此外，教师还可以鼓励学生积极参与案例分析的各个环节，并提供反馈和指导，帮助他们不断改进和提高自己的能力。

二、网络资源

（一）提供丰富的学习资源

网络是一个巨大的知识宝库，学生可以在网络世界接触到各种形式的学习材料，如视频、音频、图片、文字等。丰富而多样的网络资源为学生的深度学习提供了基础保障。

（二）增强自主学习意识

网络为学生提供了多样化的在线学习、交流平台。学生可以根据自己的兴趣和需求，自主选择学习内容和方式。学生还可以自主探索新的领域和课题，以培养其独立思考能力和创新能力。

（三）了解行业动态

学生在网络中不仅可以快速、便捷地获取各种信息，还能了解感兴趣行业的行业动态及新闻资讯等，进而持续提升自己的思维能力、竞争能力。这种信息获取方式不仅可以拓宽学生的知识视野，还可以为他们未来的职业发展打下坚实的基础。

（四）提高信息处理能力

学生需要具备一定的信息处理能力才能有效地利用网络资源。通过搜索和整理网络资源，学生可以提高信息筛选、归纳和整理能力，为自己的学习和研究提供更多的支持和帮助。

（五）促进师生之间的交流和互动

网络资源还可以促进师生之间的交流和互动。教师可以通过在线平台与学生进行沟通和交流，了解学生的学习情况和需求，及时给予其指导和帮助。学生也可以通过网络平台向教师提出自己的问题和意见，促进教学质量的提高。这种交流方式打破了传统教学模式的时间和空间限制，使得教学更加灵活、便捷和高效。同时，这种互动模式也可以增强师生之间的信任和关系，从而更好地激发学生的学习兴趣和积极性。

第三节　商务日语课程中的文化教学问题与挑战

一、学生语言水平

（一）学生日语水平的差异

在商务日语课程中，学生的语言水平参差不齐是一个普遍存在的现象。这种语言水平的差异给教师进行文化教学带来了挑战。教师需要针对不同水平的学生设计不同的教学内容和方法，以确保所有学生都能够理解和掌握相关的文化知识点。

（二）文化知识点理解的难度

商务日语课程中的文化知识点往往较为复杂或者层次较深，对于部分学生来说，理解和掌握这些知识点可能会有一定的难度。因此，教师需要采用多种教学方法，如案例分析、角色扮演和小组讨论等，帮助学生更好地理解和掌握这些知识点。同时，教师还需要提供适当的支持和指导，以应对学生可能遇到的困难和挑战。

（三）教师教学方法的选择

教师需要针对学生的语言水平选择适当的教学内容和教学方法。在选择教学内容时，教师需要考虑到不同水平学生的需求，以确保教学内容的针对性和有效性。在教学方法上，教师需要灵活运用各种教学方法，如讲解、演示、案例分析、角色扮演和小组讨论等，以帮助学生更好地理解和掌握相关的文化知识点。

（四）学生参与度的影响

由于语言水平存在差异，一些学生可能会感到课堂内容过于复杂、难以理解，学习积极性不高。因此，教师需要及时关注学生的需求，提供适当的支持和指导，以促使所有学生积极参与到课堂中来。此外，教师还可以通过组织多样化的课堂活动和小组讨论等方式，鼓励学生积极参与，从而提高他们的学习兴趣和自信心。

（五）教师的引导作用

教师在进行文化教学时，需要发挥引导作用，帮助学生理解和掌握相关的文化知识点。通过讲解、解释和演示等方式，教师可以帮助学生了解日本商务礼仪、企业文化等方面的知识。同时，教师还需要引导学生进行思考和讨论，加深学生对这些知识点的理解和掌握。此外，教师还需要关注学生的学习进展和反馈，及时调整教学策略和方法，以确保教学效果的不断提高。

二、文化差异

（一）中日文化差异在商务日语课程中的重要性

在商务日语课程中，文化差异是一个不可忽视的重要问题。由于中日文化的不同，学生在学习过程中可能会产生许多误解或困惑，因此教师应注重对比中日文化，帮助学生理解两国文化背景的差异。商务日语课程的目标不仅是教授语言知识，更是培养学生的跨文化交际能力。通过对比中日文化的差异，可以帮助学生更好地理解日本商务文化，从而避免因文化误解而导致沟通障碍和冲突。

（二）礼仪方面的差异

礼仪是文化的重要组成部分，反映了不同国家或地区的社会规范和人际关系。中日文化在礼仪方面的差异很大，了解这些差异对于商务谈判的成功至关重要。如在中国，商务谈判通常是在轻松友好的氛围中进行，而日本人则更注重正式和严谨的氛围。因此，教师需要向学生解释这些差异，并帮助他们了解如何在不同的文化背景下进行商务谈判，包括谈判前的礼节性寒暄、谈判过程中的措辞和语气，以及谈判后的感谢和告别等环节。

（三）沟通方式的差异

中国人通常更直接、坦率地表达自己的意见，而日本人则更注重委婉和含蓄的表达方式。这种差异在商务谈判中可能会影响谈判的进程和结果。因此，了解并灵活运用不同的沟通方式对于学生来说非常重要。教师可以通过案例分析、角色扮演等方式，帮助学生了解并掌握在不同文化背景下如何有效地进行沟通，包括如何倾听、回应、表达自己的意见和建议等。

（四）价值观的差异

价值观是人们对于事物的重要性和优先级的看法，深刻地影响着人们的行为和决策。在商务环境中，价值观的差异可能会影响商务谈判中的决策和行为方式。因此，教师需要向学生解释价值观的差异，并帮助他们了解如何在不同的文化背景下做出正确的决策，包括在谈判中权衡各种因素、考虑长期合作关系等。同时，教师还可以引导学生思考如何在尊重不同价值观的基础上达成共识，实现共赢的商务目标。

三、教学方法的适用性

（一）案例分析教学法

对于一些较为抽象的文化知识点，单纯地讲解可能难以使学生理解，而通过案例分析、角色扮演等实践教学手段，能够更好地帮助学生理解和掌握。如在商务礼仪的教学中，教师可以列举一些实际的商务案例，让学生了解在不同的商务场合中应该如何表现，如何尊重对方和我们的文化差异。通过案例分析，学生可以更好地理解商务礼仪的重要性，并掌握在不同文化背景下如何应对的方法。

（二）角色扮演教学法

角色扮演教学法是一种非常适合商务日语课程中的文化教学的方法。通过角色扮演，学生可以更好地了解不同文化背景下的行为和态度，以及如何在商务场合中有效地表达自己的想法和感受。教师可以通过安排学生进行角色扮演，让学生在实践中学习和掌握不同商务场合中的沟通技巧和文化礼仪。

（三）实践练习法

实践练习法是一种通过实践来提高学生商务日语能力和文化素养的教学方法。教师可以组织学生进行商务情景模拟演练，让学生在模拟的商务场景中进行实际操作，以提高他们的实际应用能力。此外，教师还可以安排学生参加商务交流活动、文化讲座等实践活动，让学生在实践中更好地了解不同文化背景下的商务交流方式和礼仪。

四、教学内容的广度和深度

（一）平衡教学内容

商务日语课程是一门以语言综合应用能力为平台，以商务综合知识为依托的实践性课程。文化教学是商务日语课程的重要组成部分，为了平衡教学内容的广度和深度，教师需要注重以下方面。

1. 基础知识

商务日语课程中的文化教学包括日本的历史文化和风俗习惯。教师需要确保学生了解日本的历史、地理、社会、价值观等方面的基本知识，为后续的商务交流打下基础。

2. 实践应用

商务日语课程中的文化教学不仅仅是对日本文化的介绍，更是一种跨文化交际能力的培养。因此，教师需要注重教学内容的实用性和针对性，让学生能够在实际的商务场景中运用所学知识。

总之，我们需要根据学生的实际情况合理安排教学内容。对于新生来说，基础知识的学习和掌握至关重要。随着学生水平的提高，教师可以逐渐增加学习难度，使学生深入了解日本的文化，使其能够在实际商务场景中灵活运用所学知识。

（二）注重教学内容实用性

商务日语课程中的文化教学不仅仅是对日本文化的介绍，也是对学生跨文化交际能力的培养。因此，教师在进行文化教学时，需要注重教学内容与商务场景的结合，使学生能够将所学知识应用于实际的商务往来。

为了使学生能够在实际的商务场景中运用所学知识，教师需要注重教学内容的实用性和针对性。教师需要让学生了解日本的文化背景和风俗习惯，以便更好地理解日本人的思维方式和行为习惯。同时，教师还需要根据学生的实际需求和水平，合理安排教学内容的难度和深度，确保学生能够全面地了解和掌握相关知识。

（三）设计丰富的实践活动

教师需要确保学生能够全面地了解和掌握相关知识。除课堂教学外，教师还可以通过组织课外活动、开展实践课程等方式，帮助学生更好地理解和掌握日本文化知识。此外，教师还可以鼓励学生参加相关实践活动，如商务交流、商务旅行等，以便在实际场景中应用所学知识。这些活动将有助于学生提高跨文化交际能力，并为其未来的职业发展打下坚实的基础。

五、教师素质

（一）教师素质是商务日语课程中文化教学的关键因素

在商务日语课程中，教师的作用至关重要。教师不仅是知识的传播者，更是引导学生探索商务日语知识、提升语言应用能力的关键因素。因此，教师的素质和专业知识水平直接影响着教学效果和学生日语商务素养的培养。

（二）具备丰富的商务日语知识和教学经验

教师需要具备丰富的商务日语知识，包括商务词汇、商务文化、商务礼仪等。同时，教师还需要具有丰富的教学经验，能够灵活运用各种教学方法和技巧，以提高学生的学习兴趣和积极性。

（三）具备较强的跨文化交际能力和沟通能力

商务日语课程不仅要求学生掌握日语语言知识，还要求学生能够适应商务环境下的交流和沟通。因此，教师需要具备较强的跨文化交际能力和沟通能力，能够准确理解和应对不同文化背景下的商务交流和沟通。

（四）深入了解日本文化，能够准确地解释和对比中日文化的差异和相似之处

　　商务日语课程中的文化教学不仅仅是让学生了解日本文化，更重要的是能够对比中日文化的差异和相似之处，帮助学生更好地理解和应用商务日语知识。因此，教师需要深入了解日本文化，能够准确地解释和对比中日文化的差异和相似之处。

（五）不断更新自己的知识体系和教学方法

　　随着时代的发展和技术的进步，商务日语课程也在不断发展和变化。教师需要不断更新自己的知识体系和教学方法，以适应时代的发展和学生的需求变化，更好地满足学生的学习需求和提高教学效果。同时，教师还需要关注行业动态和商务日语应用的新趋势，为学生提供更具有实用性和前瞻性的教学内容。综上所述，商务日语课程中的文化教学需要教师具备丰富的商务日语知识和教学经验、较强的跨文化交际能力和沟通能力、深入了解日本文化并能够准确地解释和对比中日文化的差异和相似之处，以及不断更新自己的知识体系和教学方法的能力。只有这样，才能更好地培养学生在商务环境下的语言应用能力和跨文化交际能力。

第四章

高校商务日语课程与跨文化交际能力的关系

第一节　跨文化交际能力对商务日语课程的需求

一、商务环境中的文化差异和挑战

（一）不同国家的商务礼仪和沟通习惯

不同国家的商务礼仪和沟通习惯存在着较大的差异。一些国家更注重礼节，商务礼仪烦琐复杂，如一些国家的商务人士会在正式场合着装正式、握手时力度适中、眼神交流充分等。而另一些国家则更注重效率，商务礼仪相对简单。这些差异可能会对商务谈判和合作产生影响，需要双方在沟通中注意并尊重彼此的礼仪和习惯。

（二）商务谈判中的文化冲突

商务谈判中存在文化冲突是常见的现象，不同国家的语言表达方式、文化习俗、价值观念等方面都存在差异，这些差异可能会影响谈判的进程和结果。为了避免文化冲突，双方在谈判前需要了解彼此的文化背景，并采取适当的沟通方式，如使用适当的语言、尊重对方的习惯和习俗等。

（三）商务合作中的文化敏感性和适应性

在商务合作中，双方需要具备文化敏感性和适应性，以应对不同文化背景下的挑战和问题。文化敏感性是指能够察觉和理解不同文化背景下的行为、价值观和思维方式的能力。而适应性则是指能够灵活应对不同文化背景下的变化和挑战的能力。为了达成共识和合作，双方需要在合作前了解彼此的文化背景，并采取适当的沟通和协商方式。此外，双方还需要在合作过程中保持开放、尊重和理解的态度，以建立良好的合作关系。同时，在处理文化差异时，需要避免过于强调自己的文化和价值观，而应该寻求彼此之间的共同点和合作机会，以实现共赢。

二、商务日语课程对跨文化交际能力的反馈

（一）学生对于跨文化交际能力的认知和需求

商务日语课程的学生普遍认识到跨文化交际能力的重要性，并希望通过课程学习提高自己的跨文化交际能力。他们认为，商务日语课程应该注重培养学生的语言技能和文化理解能力，以提高他们的沟通技巧和文化适应性。此外，他们也认为教师需要采用多种教学方法和手段，以提高学生的学习兴趣和参与度。

（二）教师对于跨文化交际能力的教学反馈

商务日语课程的教师认为，跨文化交际能力的培养是商务日语课程的重要组成部分。他们认为，教师应该注重培养学生的语言技能和文化理解能力，并采用灵活多样的教学方法和手段，以激发学生的学习兴趣和参与度。同时，教师还需要不断更新自己的知识和教学方法，以适应不断变化的教学环境和学生的需求。

（三）商务日语课程对于学生跨文化交际能力的提升作用

商务日语课程对于学生跨文化交际能力的提升作用显著。通过课程学习，学生可以更好地了解日本文化，提高自己的语言技能和文化理解能力，从而更好地进行跨文化交际。此外，商务日语课程还可以帮助学生建立良好的沟通技巧和文化适应性，为未来的职业发展打下坚实的基础。同时，商务日语

课程还可以为学生提供更多的实践机会，让他们在实际应用中不断提高自己的语言技能和文化理解能力。因此，商务日语课程对于提高学生的跨文化交际能力具有重要的作用。

三、跨文化交际能力在商务日语课程中的评估标准和方法

（一）语言技能和文化理解的评估标准

可以通过以下方面来评估学生的语言技能和文化理解能力。

1. 口语表达。评估学生是否能准确、流利地使用日语进行口头表达，包括发音、语调、语速等方面。

2. 阅读理解。评估学生是否能理解并分析复杂的日语文章，包括词汇、语法、句型等方面。

3. 写作能力。评估学生是否能写出结构清晰、表达准确的日语文章。

4. 文化知识掌握程度。评估学生是否了解日本的历史、文化、风俗习惯等方面的知识。

为了更好地评估学生的语言运用能力和文化理解程度，还可以通过模拟商务谈判、商务会议等实际场景来进行评估。这些场景可以帮助学生更好地应用所学语言，同时也能反映学生的文化理解程度。

（二）沟通技巧和文化适应性的评估方法

评估学生的沟通技巧和文化适应性时，可以通过以下方面进行评估。

口头表达。评估学生是否能清晰、准确地表达自己的观点和想法。

书面表达。评估学生是否能写出条理清晰、表达准确的书面材料。

沟通合作能力。评估学生是否能与他人有效地沟通和合作，包括倾听、表达、协商等方面。

应对文化差异的能力。评估学生是否能在不同文化背景下，灵活应对文化差异，保持良好的沟通。

为了更好地评估学生的沟通技巧和文化适应性，可以采用实际商务场景模拟、小组讨论、角色扮演等方式来进行评估。这些方式可以帮助学生更好地应用所学的沟通技巧，同时也能反映学生的文化适应性。

（三）学生个人发展与进步的评估方法

除以上两方面外，还可以通过以下方法来评估学生的个人发展与进步情况。

自信心。评估学生是否在跨文化交际中表现出自信，能否自如应对各种交际场合。

沟通能力。评估学生是否能够有效地与他人进行沟通，包括口头和书面表达。

团队协作能力。评估学生在团队中是否能有效地开展协作，发挥自己的作用。

变化。通过观察学生在学习过程中的变化，如自信心、沟通能力、团队协作能力等方面的变化来评估学生的个人发展与进步。同时，也可以通过学生的反馈和评价来了解学生的学习情况和进步程度。

第二节　商务日语课程与跨文化交际能力的互动关系

一、商务日语课程与跨文化交际能力的融合策略

（一）将跨文化交际能力融入课程内容中

商务日语课程的教学目标不应仅局限于语言知识的传授，而应更注重培养学生的跨文化交际能力。因此，可以将跨文化交际能力的培养融入课程内容中，如在讲解商务礼仪、商务谈判技巧等知识点时，可以融入不同国家的文化背景和生活习惯，从而帮助学生更好地理解和应用相关知识。此外，还可以通过介绍商务活动中常见的文化冲突，引导学生思考如何应对不同文化背景下的商务交流问题。

（二）提高文化敏感性

在教学过程中，通过组织文化体验活动、邀请专家讲座、对比不同国家的文化差异等方式，引导学生深入了解不同国家的商务文化，以提高学生的文化敏感性。

（三）鼓励学生参与跨文化交流活动

除课堂教学外，还可以鼓励学生参与跨文化交流活动，如参加商务日语角、商务文化交流活动等，让学生在实际交流中锻炼自己的跨文化交际能力。

同时，也可以鼓励学生参与国际商务实习、国际合作项目等，通过实践来提高自己的跨文化交际能力。此外，还可以通过提供线上跨文化交流平台，让学生在课余时间也能进行跨文化交流和互动。总之，通过多种方式培养学生的跨文化交际能力，有助于学生更好地适应国际商务环境，提高自己的职业竞争力。

二、教师角色的转变和教学方法的创新

（一）教师对于学生跨文化交际能力的引导和支持

教师作为学生跨文化交际能力培养的关键角色，需要积极转变传统的教学观念，将学生作为教学活动的主体，注重培养学生的自主学习能力和创新能力。具体而言，教师需要采取以下措施。

1. 引导学生自主学习

教师需要引导学生主动探索跨文化交际知识，以培养他们的自主学习能力。教师可以通过布置相关主题的阅读材料、组织课堂讨论、引导学生参与课外活动等方式，帮助学生更好地理解和应用跨文化交际知识。

2. 给予学生支持

教师需要给予学生必要的支持和指导，帮助他们解决学习过程中遇到的问题和困难。教师可以通过提供学习资源、组织学习小组、提供答疑解惑等方式，帮助学生更好地掌握跨文化交际知识。

同时，教师还需要关注学生的情感和心理状态，及时给予关心和支持，帮助他们克服学习中的困难和挑战。

（二）创新教学方法，提高学生的参与度和兴趣

教学方法是提高教学质量的关键因素之一。为了提高学生的参与度和兴趣，教师可以采用多种创新的教学方法，如案例分析、角色扮演、小组讨论等。同时，教师还可以结合现代信息技术手段，如网络教学平台、多媒体教

学等，以提高教学效果。

1. 案例分析教学法

教师可以选取一些具有代表性的跨文化交际案例，引导学生进行分析和讨论，帮助他们更好地理解和应用跨文化交际知识。

2. 角色扮演教学法

教师可以组织学生进行角色扮演活动，模拟不同国家的文化场景，帮助学生更好地体验和理解不同国家的文化差异和礼仪规范。

3. 小组讨论教学法

教师可以组织学生进行小组讨论，让其围绕某一主题展开讨论，鼓励学生积极发表自己的观点和看法，培养他们的团队合作意识和沟通交流能力。

同时，教师还可以结合现代信息技术手段，如网络教学平台、多媒体教学等，为学生提供更加丰富的教学资源和多样化的学习方式，以提高学生的学习兴趣和参与度。

（三）加强师生互动，促进跨文化交流和沟通

师生互动是提高教学质量和促进学生跨文化交际能力发展的重要途径之一。教师加强与学生的互动，可以了解学生的兴趣爱好和文化背景等实际情况，才能有针对性地改进教学策略，培养学生的跨文化交际能力。

1. 建立良好的师生关系

关注学生的情感和心理状态，并给予关心和支持，引导学生积极参与到教学活动中来，提高他们的学习积极性和参与度。

2. 加强师生之间的交流和沟通

教师需要鼓励学生积极表达自己的观点和看法，同时也要关注学生的反馈和建议，及时调整教学方法和策略。通过师生之间的交流和沟通，教师可以更好地了解学生的需求和问题，从而更好地帮助学生提高跨文化交际能力。

三、学生个人发展和职业规划的影响

学生作为跨文化交际的主体，需要认识到跨文化交际能力在个人发展和职业规划中的重要性，积极地进行自我提升和拓展。首先，学生可以通过参加相关的培训课程，如商务日语课程、国际交流课程等，系统地学习跨文化交际的理论知识和实践技巧。其次，积极参加国际交流活动，如国际会议、海外实习等，通过亲身实践来提高自己的跨文化交际能力。同时，学生还可以利用网络资源，如在线课程、社交媒体等进行自主学习。积极参与商务日语课程的学习和实践，掌握商务日语知识和技能。评价自己对课程内容的掌握程度，以便及时发现问题并加以改进，提升文化敏感性。积极与教师、同学进行交流和分享，提高跨文化交际能力。及时反馈自己的学习情况，以便教师改进教学方式、提高教学质量。

随着全球经济一体化的加速发展，国际商务不仅是跨国商务往来，更是文化和文化的碰撞，是一种跨文化交际。通过提高跨文化交际能力，学生可以更好地适应国际商务环境，建立更广泛的人脉关系，获得更多的商业机会。

第五章

高校商务日语课程中跨文化交际能力的培养策略

第一节　构建跨文化交际能力导向的商务日语课程体系

一、明确商务日语课程目标

跨文化交际能力是商务日语课程的核心目标，包括对学生语言交际、文化理解、沟通技巧等方面的培养。

（一）商务日语语言交际能力的培养

商务日语课程的首要目标应该是培养学生的语言交际能力，使他们能够准确理解和使用商务日语语言，包括词汇、语法和表达方式。教师需要教授学生商务日语的常用词汇和表达方式，并训练他们在不同的商务语境中运用这些语言的能力。此外，学生还需要学习商务日语的语篇结构、语用规则和交际策略，以便在商务交流中能够得体、准确地表达自己的想法和意愿。

（二）商务文化理解能力的培养

将跨文化交际能力作为商务日语课程的核心目标，就意味着需要培养学生的商务文化理解能力。学生需要了解并尊重商务活动中的文化差异，能够妥善处理文化冲突。为此，教师需要教授学生有关商务文化的知识，包括商务礼仪、商务习俗、商务谈判技巧等，以便学生能够更好地适应不同的商务环境。

（三）沟通技巧的培养

有效的沟通技巧是商务活动中的关键因素之一。因此，商务日语课程需要注重培养学生的沟通技巧，包括口头和书面沟通技巧。教师需要教授学生如何倾听、表达、反馈和协商等沟通技巧，以便学生能够在商务交流中有效地传递信息、解决问题和达成共识。

（四）团队协作能力的培养

在复杂的商务环境中，团队协作能力是非常重要的。因此，商务日语课程需要注重培养学生的团队协作能力，包括如何与团队成员合作、如何有效地分配任务、如何解决团队冲突等。教师可以通过小组讨论、项目合作、角色扮演等方式来训练学生的团队协作能力，以便他们能够适应复杂的商务环境。

二、整合课程内容

（一）引入真实的商务案例

在商务日语课程中，引入真实的商务案例是非常重要的一部分。我们可以通过收集具有文化差异性的商务案例，如来自不同国家和地区的成功或失败的商务案例，让学生了解在不同文化背景下商务活动的特点和规律。通过这些案例，学生可以更好地理解不同文化背景下商务行为的差异，从而增强他们的跨文化交际能力。

（二）角色扮演

角色扮演是一种非常有效的实践教学手段，可以帮助学生实践跨文化交际的技巧。我们可以设计一些模拟商务场景，让学生通过角色扮演来实践各种商务场景中的对话和交流。通过这种方式，学生可以更好地了解不同文化背景下商务交流的特点和技巧，从而提高他们的跨文化交际能力。

（三）文化讲座

邀请经验丰富的专家举办讲座，介绍不同国家的商务文化、礼仪和惯例，可以帮助学生更好地了解不同文化背景下的商务行为和交流方式。通过讲座，学生可以更好地了解不同国家的商务惯例和礼仪，从而更好地适应不同的商务环境。

（四）小组讨论

组织学生分组讨论不同国家的商务惯例和礼仪，可以提高他们的跨文化敏感度。通过讨论，学生可以更好地了解不同文化背景下的商务交流方式和特点，从而提高他们的跨文化交际能力。此外，学生还可以通过小组讨论分享自己的经验和感受，增强他们的沟通和表达能力。

三、增设相关课程

（一）商务礼仪

商务礼仪是商务活动中必须遵循的礼仪规范，其不仅是一种社交礼仪，更是一种企业文化和价值观的体现。了解和尊重不同国家的商务礼仪和习俗，有助于建立良好的人际关系，促进国际商务合作。因此，为了提高学生的跨文化交际能力，可以考虑增设商务礼仪选修课程。

该课程可以包括以下内容。

1. 不同国家的商务礼仪和习俗介绍，如日本的商务礼仪和习俗。

2. 商务场合的着装要求和注意事项。

3. 商务场合的交流方式和语言选择。

4. 商务场合的社交礼仪和注意事项等。

通过该课程的学习，学生可以了解并尊重不同文化背景下的商务行为规范，提高自己的社交能力和人际交往能力。

（二）跨文化沟通

跨文化沟通是指在不同文化背景下进行沟通交流的过程。由于不同国家、不同民族在文化背景、价值观、思维方式等方面存在差异，因此在跨文化沟通中需要遵循一定的理论和方法，以提高沟通效果和效率。因此，为了提高学生的跨文化交际能力，可以考虑增设跨文化沟通选修课程。

该课程可以包括以下内容。

1.跨文化交际的理论和概念介绍。

2.不同文化背景下沟通交流的方式和技巧。

3.跨文化交际中的语言和非语言沟通。

4.跨文化交际中的文化适应和适应技巧等。

通过该课程的学习，学生可以提高自己对不同文化的认知和理解，掌握一定的跨文化交际技巧，从而更好地适应不同的工作环境和文化背景。

（三）商务文化

商务文化是指在商务活动中所体现出来的价值观、思维方式、行为规范等方面的文化特征。了解不同国家的商务文化和价值观，有助于学生更好地了解不同文化背景下商务活动的发展趋势和变化，从而更好地进行商务合作和交流。因此，为了提高学生的跨文化交际能力，可以考虑增设商务文化选修课程。

该课程可以包括以下内容。

1.不同国家的商务文化和价值观介绍，如日本的商务文化和价值观。

2.不同文化背景下商务活动的发展趋势和变化。

3.商务文化和商业道德之间的关系等。

通过该课程的学习，学生可以了解不同文化背景下商务活动的发展趋势和变化，以更好地适应不同的商务环境和工作需求。同时，也能够更好地理解和尊重不同文化的差异性和多样性，从而促进跨文化交际能力的提高。

第二节　采用多元化的教学方法与手段

一、课堂讲解

（一）课堂讲解的重要性

课堂讲解是商务日语教学的基础，对于帮助学生掌握商务日语的基本知识和技能至关重要。教师通过讲解和演示，能够让学生更加直观地了解商务日语的语法、词汇和表达方式，从而更好地掌握和运用商务日语。

（二）讲解的条理性和逻辑性

教师需要注重讲解的条理性和逻辑性，确保学生能够理解并掌握相关知识。教师需要将知识点进行分类和归纳，将复杂的知识点分解成若干个小知识点，并通过逻辑关系将它们串联起来，使学生能够更好地理解和记忆。

（三）讲解的生动性和趣味性

为了激发学生的兴趣和积极性，教师还需要注重讲解的生动性和趣味性。教师可以通过使用图片、视频、案例等方式，将商务日语知识与学生熟悉的实际场景结合起来，让学生更好地理解商务日语的运用。此外，教师还可以通过游戏、小组讨论等方式，让学生在轻松愉快的氛围中学习商务日语。

（四）注重学生的反馈和互动

在讲解过程中，教师还需要注重学生的反馈和互动。教师可以通过提问、观察学生的表情和动作等方式，了解学生对知识的掌握情况，并及时调整讲解的方式和内容，以满足学生的需求。同时，教师还需要鼓励学生积极参与课堂讨论和互动，以提高学生的口语表达能力和思维能力。

（五）总结和评价

在讲解结束后，教师需要对本次讲解进行总结和评价。教师需要回顾本次讲解的重点和难点，并分析讲解中存在的问题和不足之处，以便在今后的教学中加以改进。同时，教师还需要鼓励学生提出意见和建议，以便更好地了解学生的需求和期望，提高商务日语教学的质量和效果。

二、角色扮演

（一）角色扮演的定义

角色扮演是一种互动式的教学方法，通过模拟商务日语应用的场景，让学生扮演不同的角色进行口语练习。在这种教学方法中，学生需要扮演不同的角色，并根据场景进行口语对话，以达到提高口语表达能力、应变能力和团队合作能力的目的。

（二）角色扮演的优势

1.提高口语表达能力

通过模拟真实的商务场景，学生可以在实践中提高自己的口语表达能力，并逐渐适应在不同的商务场合开口表达自己的想法。这种实践性的教学方式有助于学生更好地理解和掌握商务口语的运用，从而提高学生的口语表达能力。

模拟真实的商务场景还可以帮助学生更好地了解商务场合的文化和礼仪，从而使学生更好地适应不同的商务场合。

2. 增强应变能力

学生在角色扮演过程中需要快速反应并适应不同的场景和问题，这有助于提高学生的应变能力。角色扮演是一种互动式的教学方式，学生需要积极参与并快速适应不同的场景和回答相关问题，从而锻炼他们的反应能力和解决问题的能力。

这种教学方式不仅可以帮助学生更好地了解商务场合，还可以帮助他们更好地了解自己的能力，并更好地了解自己适合的职位和角色。

3. 培养团队合作精神

学生需要在团队中扮演不同的角色，并相互协作完成学习任务。这种团队式的学习方式有助于培养学生的团队合作精神和沟通能力。在团队中，学生需要相互协作、沟通和配合，共同完成任务。这种教学方式可以帮助学生更好地了解团队合作的重要性，并培养他们的团队合作精神和沟通能力。

此外，通过团队式的学习方式，学生还可以学习到如何与不同生活背景的人进行合作，从而更好地适应不同的工作环境。

（三）角色扮演的实施方法

教师需要根据教学目标和教学内容，设计不同的商务场景，并让学生根据场景进行口语对话。以下是角色扮演的实施流程。

1. 预先准备

在商务日语口语教学的实践中，预先准备是至关重要的。教师需要预先准备一些商务场景，并设计一些相关的问题和对话。教师需要仔细考虑商务场景的复杂性、实际性和真实性，以确保学生能够从这些场景中获得真实而实用的经验。此外，教师还需要考虑如何将这些问题和对话融入场景中，以便学生能够自然地运用商务日语进行交流。

在准备过程中，教师还需要考虑如何评估学生的表现，以便给予适当的反馈和指导。教师需要了解学生的日语水平、商务知识背景和口语能力，以便为他们提供适当的支持和指导。教师还需要准备一些商务场景的背景资料和其他相关资料，以便学生能够更好地了解场景和对话内容。

2. 分配角色

在商务日语口语教学中，角色分配是必不可少的。教师需要将学生分成若干小组，并为每个小组分配不同的角色。这些角色可以包括客户、企业代表、销售员、市场专员等，以便学生能够体验不同的商务角色和场景。通过角色分配，学生可以更好地了解商务日语的实际应用，并能够更好地运用商务日语进行交流。

在角色分配过程中，教师需要确保每个学生都能够得到适当的角色和任务，以便他们能够充分发挥自己的能力和潜力。此外，教师还需要确保小组之间的平衡和公平性，以便每个学生都能够得到平等的机会和挑战。

3. 进行对话

在商务日语口语教学中，对话是核心环节。学生需要根据教师提供的商务场景进行口语对话，并尽可能使用商务日语进行交流。对话的内容应该与场景相关，并涵盖各种商务主题和情境。教师需要为学生提供适当的指导和支持，以便他们能够自然地运用商务日语进行交流。

在对话过程中，学生需要积极参与，大胆地表达自己的观点和意见，并能够与小组其他成员进行有效的沟通与合作。教师需要观察学生的表现，并给予及时的反馈和指导。如果学生在对话中出现困难或问题，教师需要及时给予支持和帮助，以便他们能够克服困难并继续进行对话。

4. 反馈评价

反馈评价是商务日语口语教学中不可或缺的环节。教师需要对学生的表现进行及时的反馈和评价，指出学生的优点和不足之处，并提出改进建议。反馈评价应该包括学生的口语能力、商务知识和实际应用能力等方面。教师需要给予学生积极的反馈和鼓励，以增强他们的自信心和学习动力。同时，教师也需要提出具体的改进建议，以帮助学生提高他们的商务日语口语水平。

在反馈评价过程中，教师需要确保评价的客观性和准确性，以便为学生提供有益的指导和支持。教师还需要注意保护学生的隐私和尊严，避免伤害学生的感情和自尊心。最后，教师需要将反馈评价结果记录下来，以便为后续的教学提供参考和借鉴。

（四）角色扮演的注意事项

1. 模拟场景的真实性

作为教师，应该尽可能模拟真实的商务场景，让学生在实际环境中学习日语口语。这可以通过使用与商务场景相关的资料、道具和设备来实现，使学生能够更好地了解商务场景的特点和要求，从而更好地掌握日语口语技能。同时，教师也应该注意场景的细节和真实度，以便学生能够更好地融入其中，并获得良好的学习体验。

2. 培养学生的主动性和参与性

教师应该鼓励学生积极参与角色扮演活动，并提供适当的支持和指导。学生是学习的主体，教师应该鼓励学生积极参与学习过程，激发学生的学习兴趣和主动性，让学生能够更加深入地了解和掌握日语口语技能。同时，教师也应该提供适当的支持和指导，帮助学生解决学习过程中的问题和困难，从而提高学生的学习效果和自信心。

3. 评价的客观性和公正性

教师应该根据学生的表现进行客观、公正的评价，并及时给予反馈和指导。评价是教学过程中的重要环节，教师需要认真评估学生的表现，并及时给予反馈和指导，帮助学生发现自己的不足之处并加以改进。同时，评价也需要客观、公正，不能带有任何主观色彩和偏见，以保证评价的准确性和可信度。教师还应该及时向学生反馈评价结果，以便学生能够更好地了解自己的学习状况和进步情况。

（五）角色扮演的作用

角色扮演是一种非常有效的教学方法，能够帮助学生通过模拟真实场景，更好地理解和掌握语言知识，以提高他们的口语表达能力、应变能力和团队合作能力。

1.商务日语口语教学：角色扮演是商务日语口语教学的一种非常有效的教学方法。通过模拟真实的商务场景，学生可以在实践中学习并运用商务日语口语。这种方式可以帮助学生更好地理解和掌握商务日语的词汇、语法和表达方式。

2.提高口语表达能力：角色扮演为学生提供了一个真实的语言环境，他们需要使用日语进行交流，以表达自己的意见。这种方式可以帮助学生克服害羞和紧张的情绪，提高他们的口语表达能力。通过角色扮演，学生可以逐渐适应日语的语调和语气，更好地表达自己的观点。

3.提高应变能力：在角色扮演中，学生需要面对各种不同的场景和问题，需要他们灵活应对。这种方式可以帮助学生提高他们的应变能力，使他们能够更好地适应不同的商务环境和工作场合。通过角色扮演，学生可以学习如何倾听、理解和回应他人的意见和要求，从而提高他们的沟通技巧。

三、小组讨论

（一）选择合适的商务日语话题

在小组讨论中，选择合适的商务日语话题是至关重要的。教师应该根据学生的语言水平、兴趣爱好和商务背景来选择话题，以确保讨论的内容具有吸引力和实用性。商务话题可以是商业环境、市场营销、人力资源管理、客户服务等方面的内容，涵盖了实际商务场景中的各种挑战和机遇。

（二）对学生进行分组

为了提高讨论的质量和效果，教师需要对学生进行合理的分组。通常，小组规模在4～6人之间较为适宜，这样可以保证每个人都有机会发表自己的观点和意见。教师还可以根据学生的语言能力、性格特点、兴趣爱好等因素进行分组，以确保小组内成员的多样性和互补性。

（三）给予学生足够的讨论时间和空间

在小组讨论中，教师需要给予学生足够的讨论时间和空间，以便他们能够充分表达自己的观点和意见。教师应该鼓励学生积极参与讨论，并给予适当的引导和提示，帮助学生克服语言障碍和思维瓶颈。同时，教师还应该注意控制讨论的时间和进度，确保讨论能够顺利进行。

（四）适时地进行指导和点评

在小组讨论过程中，教师需要适时地进行指导和点评，帮助学生提高讨论的质量和效果。教师可以通过提问、提示、引导等方式来帮助学生深入思考和表达自己的观点，同时也可以对学生的讨论进行点评和反馈，指出其存在的问题和不足之处，并给出建设性的建议和意见。

（五）提高学生的口语表达和讨论能力

小组讨论是一种互动式的教学方法，可以有效地提高学生的口语表达和讨论能力。通过分组讨论商务日语话题，学生可以锻炼自己的口语表达能力，学会用日语表达自己的观点和意见，同时也可以培养自己的团队合作精神和沟通技巧。此外，小组讨论还可以帮助学生更好地了解商务环境和文化，以增强学生的商务意识和素养。

四、课外实践

（一）课外实践的重要性

课外实践是一种延伸式的教学方法，不仅有助于巩固学生在课堂上学到的理论知识，还能帮助学生提高实际应用能力。商务日语作为一门实践性较强的学科，更需要通过课外实践活动来提高学生的日语应用能力。通过参加商务会议、展览等实践活动，学生可以更好地了解商务日语在实际工作中的应用，从而增强自己的沟通能力和应变能力。

（二）鼓励学生参加商务日语实践活动

为了提高学生的实际应用能力，教师需要积极联系相关企业或机构，为学生提供参加商务实践活动的机会。这些活动可以是商务会议、展览、商务交流会等，让学生在实际环境中运用所学知识，以提高自己的日语应用能力。同时，教师还需要鼓励学生积极参与实践活动，让他们在实践中不断积累经验，提高自己的综合素质。

（三）教师的作用

在课外实践活动中，教师需为学生提供必要的指导和帮助。同时，教师还需要在实践活动结束后组织学生进行反馈和总结，了解学生的实践经验和不足之处，并针对学生的问题进行指导和改进。教师需要确保学生能够充分利用实践活动提高自己的日语应用能力，并在实践中获得更多的收获。

（四）反馈和总结的重要性

反馈和总结是课外实践活动的重要环节。教师需要引导学生进行自我反思和总结，让他们了解自己在实践活动中的表现和收获，同时也要让他们了解自己的不足之处，以便在今后的学习中加以改进。

（五）实践经验的积累和技能的提升

参加商务日语实践活动不仅可以提高学生的日语应用能力，还可以帮助学生积累实践经验，提高自己的综合素质。在实践中，学生需要学会如何与人沟通、如何应对突发状况、如何解决问题等技能。这些技能不仅在商务日语学习中非常重要，对他们未来的职业生涯也会有很大的帮助。因此，参加商务日语实践活动是提高学生综合素质的重要途径之一。

第三节　加强师资队伍建设与教学资源开发

一、提升商务日语教师素质

（一）定期组织教师参加跨文化交际培训

商务日语教学不仅仅是语言教学，更是文化教学。教师作为教学的引导者，对于日本文化的理解和掌握程度直接影响着教学质量。因此，定期组织教师参加跨文化交际培训，可以帮助教师更好地了解日本文化，提高教师的跨文化意识和教学能力。

在培训中，可以邀请日本专家、教授或企业家等人士，请他们详细介绍日本商务礼仪、文化传统、交流技巧等，以便让教师更加深入地了解日本文化，并能够在教学中融入这些内容，以此提高学生的商务日语水平。此外，还可以组织教师进行实地考察，参观日本企业或文化场所，让他们亲身感受日本文化，加深对日本文化的理解。

（二）加强教师自身学习

商务日语教师需要不断学习新的知识和技能，以提高自己的教学水平和专业素养。随着商务日语教学的不断发展，教师需要不断更新自己的知识体系，掌握最新的教学方法和手段。

教师可以通过参加学术研讨会、讲座、培训班等途径，获取最新的商务日语教学理念和教学方法。同时，教师还需要注重自身的语言实践，通过多听、多说、多读等方式，不断提高自己的语言水平和实践能力。此外，教师还可以利用网络资源，自主学习商务日语相关知识，提高自己的专业素养。

二、优化教学资源

为了更好地满足学生的学习需求和提高教学质量，我们需要不断优化教学资源。为此，我们可以采取以下措施：

（一）鼓励教师开发适合商务日语教学的教材和教学资源

商务日语的教学，除传统的教学方式外，还需要结合现代教学资源和教材的利用，以便更好地满足学生的学习需求和提高教学质量。为此，教师需要积极开发适合商务日语教学的教材和教学资源。

教师需要深入了解商务日语的课程特点，了解学生的学习需求和难点，以此为基础，开发适合学生的教材和教学资源。这些资源包括在线课程、多媒体课件、教学软件等，以便帮助学生更好地理解和掌握商务日语知识。

在线课程可以提供更多的学习时间和空间。多媒体课件则可以通过图像、声音、视频等多种形式，帮助学生更好地理解和记忆商务日语知识。教学软件则可以提供更多的互动和练习机会，帮助学生更好地应用所学知识。

此外，教师还可以与其他教师、企业专家等开展合作，共同开发适合商务日语教学的教材和教学资源。通过合作，可以更好地把握商务日语的教学特点，提高教材和教学资源的实用性和针对性。

（二）充分利用现代信息技术和网络资源

现代信息技术和网络资源的发展，为商务日语教学提供了更多的便利和可能性。教师需要积极利用这些资源，以便更好地激发学生的学习兴趣和动力。

教师可以建立一个网络教学平台，将教学资源、在线课程、教学计划等上传到平台上，以便学生随时随地地学习。同时，教师还可以利用网络平台与学生进行互动交流，及时了解学生的学习情况和反馈，以便更好地调整教学计划和内容。

教师可以利用网络资源，为学生提供更多的学习素材和案例，如商务日语的新闻、案例分析、商务礼仪等。这些素材和案例可以帮助学生更好地理解和应用商务日语知识，从而提高学生的学习兴趣和动力。

三、开展实践教学与校企合作活动

（一）建立实践教学基地

为了提高学生的实践能力和实际操作技能，教师可计划与当地企业合作，建立商务日语实践教学基地。该基地应能为学生提供实地实践机会，让学生能够将所学知识应用到实际工作中，以增强他们的职业素养和竞争力。

1. 寻找合适的企业

寻找合适的企业是建立实践教学基地的第一步。教师需要与当地有良好商务日语需求的企业进行联系，了解其业务范围和需求。教师可以通过网络、社交媒体、商会、行业协会等途径来寻找这些企业。在与企业接触时，教师需要向企业介绍自己的实践教学计划和目标，以获得企业的支持和合作意愿。

2. 签订合作协议

与企业签订合作协议是确保实践教学基地稳定运行的重要步骤。在合作协议中，教师需要明确双方的权利和义务，包括学生实践、课程设计、教学评估等方面的内容。这样可以让企业和学生都清楚自己的责任和权益，以避免后期出现不必要的纠纷。

3. 设立实践教学场所

根据企业的实际情况，设立实践教学场所是实践教学基地的重要组成部分。教师可以在企业内设立商务接待、商务谈判、商务翻译等实训室，为学生提供真实的商务环境。这些实训室需要具备相应的设备和设施，以确保学生能够得到充分的实践机会。

4. 安排实践教学课程

实践教学课程是实践教学基地的核心内容之一。教师需要根据企业的需求和学生的实际情况，制订实践教学课程计划，包括课程安排、教学内容、教学方法等方面。教师可以通过与企业合作，将企业的实际案例和业务融入课程之中，使学生能够获得更实际的实践经验。

5. 建立考核机制

为了确保学生实践成果的质量和水平，建立实践教学考核机制是必不可少的。教师可以通过设定考核标准、考核方式、评估反馈等方面来建立考核机制，对学生的实践成果进行评估和反馈，以便及时调整教学计划和方式。同时，教师也需要尊重学生的个性和兴趣，为他们提供个性化的指导和支持。

（二）开展校企合作项目

为了进一步提高学生的实践能力、团队协作和沟通能力，教师可计划与企业共同开展商务日语研究项目。通过这些项目，学生将能够把所学知识应用到实际工作中，同时培养他们的团队协作和沟通能力。

具体实施步骤如下：

1. 确定研究项目

在和企业共同商定研究项目的内容和目标的过程中，教师需要确保项目符合学生的实际需求和能力。这需要教师与学生进行充分的沟通和交流，了解他们的兴趣和专长，同时也要考虑项目的可行性和实施难度。通常，教师可以选择与企业合作，将企业的实际问题作为研究项目，这样可以让学生在实际工作中得到学习和实践的机会，以提高他们的专业技能和实践能力。

在确定研究项目后，教师需要确保项目的内容和目标得到明确的表述和解释，以便学生能够清楚地了解项目的要求和期望达到的效果。同时，教师也需要制订合理的实施计划和时间表，以确保项目的顺利进行和完成。

2. 组织学生参与

在项目的实施过程中，教师需要根据项目需要组织学生参与。这包括为学生提供必要的资料和信息，帮助他们了解项目的内容和目标，同时也要为学生提供充分的实践机会，让他们能够亲身参与项目的各个阶段中。教师可以通过小组合作的方式，让学生共同参与项目的实施，这样可以培养他们的团队协作精神和沟通能力。

在组织学生参与的过程中，教师还需要注意学生的安全和健康，确保他们在项目实施过程中不会受到任何伤害。

3. 培养学生的团队协作和沟通能力

在项目的实施过程中，培养学生的团队协作和沟通能力是非常重要的。教师需要注重培养学生的团队合作精神，让他们学会相互协作和支持，共同完成项目任务。同时，教师也需要注重培养学生的沟通能力和表达能力，让他们能够清晰地表达自己的意见，与其他成员进行有效的沟通和交流。通过这些能力的培养，可以提高学生的综合素质，为他们未来的职业发展打下坚实的基础。

4. 成果展示和反馈

在项目结束后，教师需要组织学生展示研究成果，并对学生的表现进行反馈和评估。这可以让学生们了解自己的工作成果和不足之处，同时也可以为自己提供反馈和建议，以便教师及时调整教学计划和方式。在反馈和评估的过程中，教师需要注重客观公正地评价学生的表现，同时也需要给予他们积极的鼓励和支持，帮助他们更好地发挥自己的潜力。最后，教师需要根据学生的表现和反馈结果，对教学计划和方式进行适当的调整和改进，以提高教学效果和质量。

四、完善评价机制与质量监控体系

（一）建立多元化评价体系

为了更好地评估商务日语专业学生的学习效果，建立多元化评价体系是非常必要的。这种评价体系应该综合运用形成性评价和终结性评价两种形式，既关注学生的日常表现和进步，又注重评价的客观性和公正性。

形成性评价是指在学生的学习过程中，教师根据学生的表现给予及时的反馈和指导，以帮助学生改进自己的学习方法和策略。可以通过课堂表现、小组讨论、案例分析等形式进行评价。终结性评价则是在学期末或课程结束时，对学生的学习成果进行全面评估，以检验学生的学习效果和水平。可以采用试卷考试、项目展示等形式进行评价。

除了评价方式的多元化，教师还应该关注学生的全面发展，从多个角度来评估学生的表现。如除了语言能力，还可以考虑对学生的商务知识、沟通能力、团队协作能力等方面进行评价。这样可以更好地了解学生的综合素养，并为他们未来的职业发展提供更有针对性的指导。

在实施多元化评价体系的过程中，教师需要注意以下方面。

1. 评价标准要明确、客观，避免过于主观的评价

评价是教育过程中的重要环节，能够帮助教师了解学生的学习情况，及时调整教学策略和方法。因此，制定明确的评价标准是至关重要的。这些标准应该尽可能客观、具体，并且要考虑到学生的个体差异。过于主观的评价可能会导致不公平的结果，因此应该避免过于主观的评价。此外，评价标准应该尽可能量化，以便于比较和评估学生的表现。

2. 注重评价的公正性和透明度，确保评价结果能够真实反映学生的学习情况

公正和透明的评价是确保评价结果真实反映学生学习情况的关键。为了实现这一目标，教师应该确保评价过程和结果的公正性和透明度。这意味着教师应该遵循公平公正的原则，确保评价标准的一致性，并且公开评价过程和结果，以便学生和家长了解评价的真实情况。此外，教师应该避免偏见和歧视，以确保评价结果的公正性。

3. 积极与学生沟通，听取他们的反馈和建议，以便及时调整教学策略和方法

与学生沟通是教育过程中的重要环节，有助于教师了解学生的学习情况和需求，并及时调整教学策略和方法。为了实现这一目标，教师应该积极与

学生进行沟通，倾听他们的反馈和建议。通过与学生的交流，教师可以了解学生对课程的看法、学习困难和兴趣爱好等信息。根据这些信息，教师可以及时调整教学策略和方法，以提高学生的学习效果和满意度。

（二）加强质量监控

1.定期对商务日语课程进行评价和反馈

教师应该根据课程目标和教学大纲，制定合理的评价指标和标准，定期对学生的学习成果进行评估。同时，应及时将评估结果反馈给学生，以便他们了解自己的学习情况，及时调整学习策略和方法。这种评价和反馈机制有助于提高学生的学习效果和教学质量。

2.建立教学质量监控机制

学校或学院可以设立专门的教学质量监控部门，负责定期检查教师的教学情况、学生的学习情况等，并及时向教师提供反馈和建议。这种机制有助于提高教师的教学水平和教学质量，同时也有助于及时发现和解决他们教学中存在的问题。

3.加强与企业的合作与交流

商务日语课程应该注重与企业的实际需求相结合，因此加强与企业的合作与交流是提高教学质量的重要途径之一。学校或学院可以邀请企业专家参与课程设计和教学指导，了解企业对商务日语人才的需求和要求，以便更好地培养符合市场需求的人才。这种合作方式有助于提高课程的实用性和针对性，同时也有助于提高学生的实践能力和就业竞争力。

4.注重教学资源的投入和优化

学校或学院应该为商务日语课程提供充足的教学资源，包括教材、教学设备、网络资源等。同时，应该不断优化教学资源的使用和管理，以提高教学效率。为了满足学生的学习需求和提高教学质量，学校或学院应该不断更新教学资源，确保教学资源的质量和适用性。此外，还应该加强教学管理的信息化建设，提高教学管理的效率和准确性。

第六章

高校商务日语课程教学与跨文化交际能力培养的未来展望

第一节　全球化背景下对跨文化交际能力的需求展望

一、不同文化背景下有效沟通的能力

（一）语言沟通技巧

1. 语言表达的理解和运用

在跨文化交际中，语言表达的方式和含义可能会因文化背景的不同而有所差异。因此，要有效地进行跨文化交流，就需要具备对不同语言和文化背景的了解，并能够运用适当的语言表达方式来传达信息。

理解不同语言之间的差异。不同的语言有不同的语法、词汇和表达方式，因此在交流中需要了解目标语言的语法规则、常用词汇和表达方式，以便能够准确地表达自己的意思。

了解不同文化背景下的社交礼仪和沟通习惯。不同的文化背景有不同的社交礼仪和沟通方式，因此在交流中需要尊重对方的习惯和文化背景，避免出现冒犯性的语言或行为。

学会运用适当的语言表达方式来传达信息。在交流中，语言表达不仅仅是文字的表达，还包括语音、语调和肢体语言的表达。因此，要学会运用适当的语音、语调和肢体语言来传达自己的意思，以便更好地与对方建立联系并获得对方的信任。

2. 非语言沟通（肢体语言、面部表情等）的理解和运用

非语言沟通在跨文化交流中同样起着重要的作用。肢体语言、面部表情、

声音语调等都可以传达信息，因此我们需要具备敏锐的观察力和感知能力，以便能够准确地理解对方的意图。

注意在不同文化背景下，非语言信号的含义可能会有所不同。如在某些文化中，微笑可能表示欢迎或友好，而在其他文化中则可能表示尴尬或不同意。因此，我们需要了解不同文化背景下的非语言信号的含义，以便能够更好地理解对方的意图。

学会运用非语言信号来加强语言交流的效果。通过运用适当的肢体语言、面部表情和声音语调来表达自己的意思，可以更好地与对方建立联系并获得对方的信任。同时，通过观察对方的非语言行为，也可以更好地理解对方的情感和意图，从而更好地应对交流中的各种情况。

（二）听力理解能力

1. 理解不同文化背景下的语言习惯和表达方式

在跨文化交际中，理解不同文化背景下的语言习惯和表达方式是非常重要的。由于不同的文化背景可能会影响人们的语言表达方式，因此要真正理解对方的意思和意图，我们就需要具备广泛的语言知识和跨文化交际能力。这意味着我们需要了解各种不同的语言表达方式和语法规则，以便更好地理解不同文化背景下的语言习惯和表达方式。

在某些文化中，人们可能倾向于使用委婉、含蓄或间接的方式来表达自己的想法和情感。而在其他文化中，人们可能更倾向于直接、坦率地表达自己的观点。因此，我们需要学会适应不同的语言表达方式，并理解这些表达方式背后的文化背景和含义。

此外，我们还需要注意语言中的文化隐含意义和暗示。在不同的文化背景下，有些话语或行为可能隐含着特定的意义或暗示，如打招呼的方式、称呼语、礼节性用语等。因此，我们需要具备敏锐的观察力和感知能力，以及对不同文化背景的了解，才能准确地识别和理解这些隐含的意义和暗示。

2. 识别文化隐含的意义和暗示的方法

要识别文化隐含的意义和暗示，我们可以采取以下方法。

需要具备敏锐的观察力和感知能力。这意味着我们需要关注周围环境中的细节，并能够察觉到不同文化背景下的人们所使用的语言、行为、表情等方面的差异。通过观察和分析，我们可以更好地了解不同文化背景下的人们是如何表达自己的想法和情感的。

需要加强对不同文化背景的了解。这包括了解各种不同的语言、习俗、价值观等方面的知识。通过了解不同文化背景下的人们如何看待世界和解决问题，我们可以更好地识别和理解他们的话语和行为中所隐含的意义和暗示。

通过与来自不同文化背景的人进行交流来提高自己的跨文化交际能力。通过与他们进行互动，我们可以更好地了解他们的语言习惯和表达方式，并学习如何适应不同的文化背景。

（三）应对文化差异的沟通能力

1. 尊重和理解不同文化背景下的行为和决策

不同文化背景下的人们可能会有不同的行为和决策方式。因此，要尊重和理解这些差异，就需要具备开放的心态和跨文化交际能力。这需要我们了解不同的思考方式和解决问题的方法，以及如何在不同文化背景下进行有效沟通。只有当我们尊重和理解不同文化背景下的行为和决策时，我们才能真正做到包容并理解他人，这也有助于建立更好的人际关系。

为了达到这一目标，可以采取以下措施。

了解不同的文化背景和价值观。我们需要深入了解各种文化背景下的传统、习俗和价值观，以便更好地理解他人的行为和决策。

学会有效沟通。我们需要掌握基本的沟通技巧，如倾听、表达、理解和尊重对方的观点和立场。同时，我们需要学会在不同的文化背景下使用恰当的语言和表达方式，以避免误解和冒犯对方。

建立互信和共识。当我们尊重和理解不同文化背景下的行为和决策时，我们更有可能与他人建立互信和共识。通过积极的沟通和合作，我们可以共同解决问题并达成共同的目标。

2. 积极寻求共识，避免误解和冲突

在应对文化差异时，我们需要积极寻求共识，避免误解和冲突。这需要我们具备良好的沟通技巧和解决问题的能力，以及如何建立和维护有效的合作关系。通过积极寻求共识，我们可以更好地理解他人的观点和立场，并找到共同的解决方案。

为了实现这一目标，可以采取以下方式。

建立良好的沟通渠道。我们需要与他人建立积极的沟通和联系，以便更好地了解彼此的观点和需求。这可以通过定期的交流、电话或电子邮件等方式实现。

使用恰当的语言和表达方式。我们需要使用对方熟悉的语言和表达方式来表达我们的观点和需求，以避免误解或冒犯对方。同时，我们需要避免使用攻击性或贬低性的语言，以保持友好的氛围。

寻求第三方的帮助或建议。当我们遇到无法解决的问题时，可以寻求第三方的帮助或建议。这可以包括专业人士、同行或相关领域的专家等。通过与第三方合作，我们可以获得更多的信息和资源，以找到更好的解决方案。

二、应对多元文化差异的应变能力

（一）文化敏感性和适应性

文化敏感性是指一个人能够敏感地察觉到不同文化之间的差异，并能够理解这些差异对于不同文化背景的人的影响。在应对多元文化差异时，拥有文化敏感性和适应性的人能够更好地理解不同文化的价值观和行为方式，并能够适应当地文化环境。为了达到这个目标，个人应该做到以下方面。

1. 识别和尊重各种文化符号和价值观

拥有文化敏感性的个人应该能够识别并尊重不同文化中的符号和价值观。

这不仅包括语言、食物、传统习俗、礼仪等显而易见的元素，还包括一些更深层次的符号和价值观，如思维方式、人际关系、时间观念、价值观念等。这些符号和价值观构成了不同文化的基石，也是理解和尊重不同文化的重要途径。

如在亚洲文化中，某些颜色在许多情况下都具有特殊的含义。在中国，红色通常被视为吉祥、好运的象征，而在日本，蓝色则被视为和平、宁静的象征。了解这些文化符号有助于更好地理解和尊重当地文化，避免因误解而导致的冲突。

此外，个人应该具备跨文化沟通的能力，能够有效地与来自不同文化背景的人进行交流。这需要个人学习不同的语言和文化规范，了解并尊重不同国家和地区的价值观，以便更好地适应不同的文化环境。

2.适应并尊重文化变化和差异

拥有文化适应性的个人应该能够适应不同的文化环境，并尊重文化变化和差异。这意味着个人应该能够适应不同的社交规则、礼仪和习惯，并尊重当地的文化传统。在跨文化交流中，个人应该避免过于强调自己的文化背景，而是尝试理解和接受其他文化。

同时，个人应该具备批判性思考的能力，能够识别并挑战自己和他人对其他文化的刻板印象和偏见。这有助于促进不同文化之间的平等和尊重，推动全球文化的多样性和繁荣。

为了实现这些目标，个人可以通过参加跨文化交流课程、阅读跨文化交流方面的书籍和文章、与来自不同文化背景的人交流等方式来提高自己的跨文化交际能力。此外，个人还可以通过了解不同国家的历史、政治、经济、社会和文化等方面的知识来加深对不同文化的理解。

（二）冲突解决策略

在多元文化环境中，冲突是不可避免的。拥有冲突解决策略的人能够有效地处理冲突，并促进团队之间的合作。为了达到这个目标，个人应该具备以下能力。

1. 培养有效的冲突解决技巧

有效的冲突解决技巧对于个人和团队的成功来说至关重要。以下是一些培养有效的冲突解决技巧的建议。

（1）沟通。在冲突解决的过程中，沟通是至关重要的。通过开放和真诚的沟通，个人可以表达自己的观点和需求，同时也倾听他人的观点和需求。良好的沟通有助于建立信任，并促进彼此间更好的理解。

（2）倾听。倾听是冲突解决的关键。在冲突中，人们常常会感到被误解或被忽视。因此，在沟通时，要确保给予对方充分的时间和空间来表达自己的观点和感受。倾听他人的观点有助于更好地理解冲突的根源，从而找到更好的解决方案。

（3）理解。理解他人的观点和需求是处理冲突的关键。通过深入了解他人的立场和想法，个人可以更好地处理冲突，并寻求妥协和合作的可能性。尝试从他人的角度看待问题，并理解他们的情感和动机。

（4）妥协。在某些情况下，妥协可能是解决冲突的必要步骤。妥协意味着在尊重彼此立场的同时，寻找一个双方都能接受的解决方案。妥协不是放弃自己的立场，而是寻求一个双方都能接受的平衡点。

（5）合作。合作是解决冲突的理想方式。通过合作，个人和团队可以共同努力，寻找一个对所有参与者都有利的解决方案。合作有助于彼此之间建立信任，并促进沟通和理解。

2. 了解并尊重多元文化中的冲突解决方式

随着全球化的加速和多元文化的兴起，了解并尊重不同文化中的冲突解决方式变得越来越重要。不同文化有不同的价值观、习俗和传统，这些因素都会影响冲突解决的方式。因此，了解并尊重不同文化中的冲突解决方式对于有效地处理冲突非常重要。以下是一些建议。

研究不同文化背景。了解不同文化背景下的冲突解决方式可以帮助个人更好地理解他人的观点和需求。通过阅读相关文献、参加文化交流活动或与来自不同文化背景的人交流，可以增加对不同文化冲突解决方式的了解。

尊重差异。在处理冲突时，个人应该尝试了解其他团队成员的观点和需求，并尊重彼此之间的差异。不要试图将自己的行为方式强加于他人，而是寻求彼此间的共同点来解决问题。通过尊重差异，可以建立更好的信任和合作关系，从而促进冲突的解决。

寻求共同点。在处理冲突时，寻找共同点是至关重要的。通过寻求共同的目标、价值和利益，可以促进合作和妥协的可能性。尝试理解其他团队成员的观点和需求，并寻找可以共同合作的方式来解决冲突。

适应文化差异。在处理跨文化冲突时，个人应该学会适应文化差异。尊重不同的文化传统和价值观，并尝试运用不同的冲突解决方式。通过适应文化差异，可以更好地与他人展开合作，并找到有效的问题解决方案。

（三）多元文化团队合作能力

在多元文化环境中，团队合作能力是非常重要的。拥有多元文化团队合作能力的人能够建立跨文化团队的有效沟通机制，促进团队成员之间的理解和合作。为了达到这个目标，个人应该尽力做到如下方面。

1. 建立跨文化团队的有效沟通机制

建立有效的沟通机制对于跨文化团队合作非常重要。首先，个人应该鼓励团队成员之间的交流和互动，以促进彼此之间的理解和信任。这可以通过定期的团队会议、电话会议或社交媒体等方式实现。此外，团队成员应该尝试使用共同的语言、表达方式和沟通技巧来加强沟通效果。

为了提高沟通效果，个人可以采取以下措施。

（1）使用共同的语言。在跨文化团队中，确保团队成员使用相同的语言可以加强沟通效果。如果有必要使用多种语言，个人可以指定一种通用的语言或使用翻译工具以确保沟通的顺畅。

（2）表达方式多样化。不同的文化背景可能对表达方式有不同的偏好。团队成员应该尊重彼此的表达方式，并尝试使用更灵活、更多样化的表达方式来加强沟通效果。

（3）培养有效的沟通技巧。个人可以提供培训和指导，帮助团队成员培养有效的沟通技巧，如倾听、表达、反馈和协商等。这些技巧有助于促进团队成员之间的理解和合作。

通过建立有效的沟通机制，团队成员可以更好地了解彼此的观点和需求，从而为共同解决问题和实现目标奠定基础。

2. 促进团队成员间的理解和合作

为了促进团队成员之间的理解和合作，个人应该采取以下措施。

（1）鼓励分享文化背景和经验。团队成员应该鼓励彼此分享各自的文化背景、价值观和经验。这有助于增进相互了解，并帮助团队成员更好地适应和尊重彼此的文化差异。

（2）尊重差异并寻求共同点。团队成员应该认识到不同文化背景的差异，并尝试寻找共同点和合作机会。通过相互尊重和理解，团队成员可以共同应对挑战并实现共同目标。

（3）建立信任和合作文化。个人应该鼓励团队成员之间建立信任和合作文化，以共同应对挑战并实现共同目标。这可以通过定期的团队建设活动、互相支持和协作等方式来实现。

（4）注重团队协作。团队成员应该注重相互支持和协作，以共同实现团队目标。这需要建立良好的沟通和反馈机制，确保团队成员之间的信息共享和决策透明。

通过以上措施，跨文化团队可以更好地理解和合作，共同应对挑战并取得成功。同时，个人应该关注团队成员之间的文化背景差异，并采取适当的措施来促进彼此间的沟通和合作，以确保团队的稳定性。

三、尊重并理解他国文化的素养

（一）文化认知和欣赏能力

1. 了解并尊重各种文化背景下的传统和习俗

尊重并理解他国文化是建立和谐共处的基础。要尊重并理解他国文化，首先需要了解并尊重各种文化背景下的传统和习俗。这不仅包括了解不同国家的历史、地理、艺术等方面的知识，还要尊重和理解各种文化背景下形成的传统和习俗。不同文化背景下形成的传统和习俗是该国文化的重要组成部分，代表着该国的历史、价值观。了解这些传统和习俗可以帮助我们更好地理解和尊重他国文化，并避免在交流中出现误解和冲突。

在与他人交流时，我们应该避免出现对不同文化的偏见和歧视，而是要以开放、包容的心态去欣赏和理解不同文化。只有通过了解和尊重其他文化，才能更好地促进文化交流和相互理解。此外，我们应该努力促进不同文化之间的对话和交流，以建立更加包容和平等的社会。

我们也可以通过学习其他国家的语言和文化来增强自己的跨文化交际能力。语言是文化的重要组成部分，学习其他国家的语言可以帮助我们更好地了解该国的文化和传统。此外，我们还可以通过阅读、旅行、参加文化活动等方式来增强自己的跨文化体验。这些经历可以帮助我们更好地了解其他国家的文化和传统，并增强我们的跨文化意识和能力。

2. 培养对不同文化的欣赏和理解

培养对不同文化的欣赏和理解是非常重要的，因为它可以帮助我们更好地了解和尊重其他文化，促进文化交流和相互理解。当我们接触和理解其他文化时，我们不仅可以拓宽自己的视野，还可以提高自己的文化素养。

我们应该尝试从不同的角度去欣赏和理解其他文化。不要仅仅从自己的文化角度去评判其他文化，而是要尝试去理解他们的价值观、历史背景、生活方式和传统习俗。这样可以帮助我们更好地了解不同文化的特点，从而更好地与他们展开交流和互动。

学习一门外语是了解和尊重不同文化的有效途径之一。通过学习外语，我们可以更好地了解其他国家的语言和文化，从而更好地促进跨文化交流和理解。通过与外国人交流，我们既可以了解他们的生活方式、价值观和传统习俗，同时，通过对比也可以更好地了解自己的文化和价值观。

此外，我们应该积极探索不同的文化体验，如参观博物馆、艺术展览和文化节等。这些活动可以帮助我们更好地了解不同文化的历史、艺术和传统，从而增强我们的文化敏感性和文化意识。

（二）培养包容性和同理心

1. 学会倾听和理解他人的观点和感受

在与他人交往时，学会倾听和理解他人的观点和感受是非常重要的。这不仅有助于建立良好的人际关系，还能促进相互之间的信任。在与外国人交往时，应该以同样的态度去倾听和理解他们的观点和感受。

倾听是建立良好沟通的基础。在与他人交流时，我们应该给予对方足够的时间和空间去表达自己的观点和感受。不要急于打断或给出自己的意见，而是要耐心地倾听对方的讲述，了解他们的想法和情感。通过倾听，我们可以更好地理解对方的立场和需求，从而更好地与他们建立联系。

理解他人的观点和感受也是建立有效沟通的关键。每个人都有自己的价值观和生活经验，这些都会影响他们的观点和感受。在与外国人交往时，我们应该尝试去理解他们的文化背景、风俗习惯等，以便更好地与他们沟通交流。只有通过理解他人，才能更好地与他们建立信任和友谊。

在跨文化交流中，我们应避免过于主观和武断，而要以开放、包容的心态去接受他人的观点和感受。我们应该尊重不同的文化背景和价值观，避免将自己的观念强加于他人身上。相反，我们应该以开放的心态去接受和学习不同的文化，从而更好地促进跨文化交流和理解。

此外，在与外国人交往时，我们应该注重对语言和文化礼仪的培训。了解对方国家的文化传统和礼仪规范，可以帮助我们更好地与他们交往，避免因文化差异而产生误解和冲突。同时，我们也应该尊重彼此的隐私，避免过于侵入对方私人领域。

2. 避免刻板印象和歧视

避免刻板印象和歧视在跨文化交流中至关重要。刻板印象和歧视不仅阻碍了人与人之间的相互理解和尊重，而且可能会引发误解和冲突。在与外国人交往时，我们需要以开放、包容和尊重的心态去面对他们，避免以自己的刻板印象去评判他人。

避免以偏概全。每个人都有自己独特的背景、经历和价值观，不能简单地用一个固定的标签去定义他们。我们应该摒弃以国籍、肤色、性别、年龄等单一标准来评判他人的做法。每个人都有自己的故事和经历，这些都是构成他们独特个性的重要元素。因此，我们应该学会倾听和理解他人的故事，而不是简单地为其贴上标签。

以开放的心态去了解和尊重其他文化。每个文化都有其独特的价值观和生活方式，这些都是构成文化多样性的重要元素。在与外国人交往时，我们应该尊重他们的文化传统和习俗，避免因文化差异而产生冲突。我们应该学会欣赏不同文化的独特之处，并尝试去理解和接纳它们。通过了解和尊重其他文化，我们可以更好地促进跨文化交流和理解。

第二节　商务日语课程发展趋势

一、强调语言能力与商务知识的结合

（一）日语语言知识的教学内容

在商务日语的教学中，语言知识是非常基础且重要的部分。教学内容应包括但不限于以下方面。

1. 语音、语法和词汇

语音。教授正确的日语发音，包括元音、辅音、拗音、促音等日语发音特点，让学生能够正确发出日语单词的音调。

语法规则。教授基本的日语语法规则，如助词、时态、语态等，让学生能够正确理解和使用日语句子。

词汇。教授常用的日语词汇，包括日常生活中常用的词汇、商务场合常用的词汇等，让学生能够正确理解和表达日语。

这些是学习日语的基础，只有掌握了正确的发音、语法和词汇，才能更好地理解和使用日语。

2. 商务日语特殊用语

教授一些专门用于商务场合的日语词汇，如商务礼仪、商业合同、商业报告等，可以帮助学生更好地适应商务环境，提高商务交流能力。这些词汇通常比较专业和正式，需要学生有一定的日语基础才能理解和使用。

3. 语言表达的文化差异

讲解日语中与商务场合相关的文化差异，如商务礼节、交流方式等，可以帮助学生更好地适应商务环境，避免因文化差异而引起的误解和冲突。在讲解这些文化差异时，可以结合实际案例进行讲解，让学生更好地理解和掌握。

（二）商务礼仪和商务谈判技巧的教学内容

商务礼仪和谈判技巧是商务日语学习中不可或缺的一部分。教学内容应包括：

1. 商务礼仪

在商务日语的学习中，商务礼仪是非常重要的一部分。商务礼仪规范着商务场合的言行举止，对于商务人士的形象和气质有着很大的影响。因此，了解并遵守商务礼仪规范，可以帮助学生在商务场合树立良好的形象，提高自己的自信心和影响力。

着装规范。根据商务场合的不同，选择合适的服装和配饰，如正式场合需要穿着西装、衬衫、皮鞋等，而在休闲场合则需要穿着舒适、时尚的服装。

称呼规范。在商务场合中，称呼是非常重要的一个环节。教师应该教授学生如何正确称呼不同的对象，如对上级、平级、下级等不同的称呼方式。

交谈方式。在商务场合中，如何进行有效的交谈也是一门学问。教师应该教授如何进行有效的沟通，如何选择话题、表达观点等。

通过这些教学内容的讲解和示范，学生可以更好地了解和遵守商务礼仪规范，提高自己的形象和气质。

2. 商务谈判技巧

商务谈判是商务日语学习中的另一个重要部分。在商务谈判中，谈判技巧的运用对于谈判的成功与否有着很大的影响。因此，教师应该教授一些基本的谈判技巧，帮助学生提高商务谈判能力。

倾听技巧。在商务谈判中，倾听是非常重要的一个环节。教师应该教授如何倾听对方的观点和需求，以理解对方的意图和态度。

表达技巧。在商务谈判中，表达技巧也非常重要。教师应该教授如何清晰、准确地表达自己的观点和需求，如何避免误解和冲突。

说服技巧。在商务谈判中，说服技巧也非常重要。教师应该教授如何说服对方接受自己的观点和需求，如何让对方更容易接受自己的提议。

除此之外，教师还应该教授一些其他方面的技巧，如谈判中的沟通技巧、谈判中的心理分析等等。这些技巧可以帮助学生在商务谈判中更好地应对各种情况，从而提高谈判的成功率。

（三）商务文书写作的教学内容

商务文书写作是商务日语中一项重要的技能。教学内容应包括以下方面。

1. 商务信函写作

商务信函是商业活动中非常重要的沟通方式，可以帮助企业建立业务关系、确认订单、处理投诉等。下面是一些教授如何撰写正式商务信函的建议。

（1）格式和布局

商务信函应该遵循一定的格式和布局，以确保信息的清晰和一致性。通常，商务信函应该包括以下几个部分：

信头：包括发件人的地址和联系方式。

收件人信息：包括收件人的姓名、职务和企业名称。

主题：简明扼要地说明信函的目的。

正文：详细说明信函的主要内容，包括建立业务关系、订单确认、投诉处理等。

结尾：表达感谢或请求回复。

签名：发件人签名以示负责。

（2）语言和措辞

商务信函应该使用正式、专业和礼貌的语言。避免使用非正式的语言，同时也要避免使用过于夸张或过于简略的措辞。

（3）内容明确

商务信函应该清晰、明确地表达信息，避免模棱两可或含糊不清的表述。

如果需要，可以使用表格、图表或图片等辅助工具来解释和说明信息。

（4）引用和附件

如果需要引用其他文件或数据，应该注明其来源并给出适当的引用格式。如果需要提供附件，应该清楚地说明附件的内容和用途，并在信函末尾提供附件的链接或位置。

（5）跟进和回复

对于重要的商务信函，应该给予适当的跟进和回复。如果发件人没有收到回复，应该主动联系收件人以确认是否收到信函并询问是否有任何疑问或需要进一步澄清的信息。

2. 商业报告和合同

（1）商业报告

商业报告是向内部或外部利益相关者提供关于商业活动和业绩的报告。商业报告应该包括以下内容：

标题页：包括报告的名称、日期、发件人和收件人信息。

概述：简要介绍报告的目的和内容。

数据和信息：提供与商业活动相关的数据和信息，包括销售、市场份额、成本、利润等方面的数据。

分析：对数据进行深入的分析，并提供结论和建议。

结论和建议：总结报告的主要内容，并提供相关的建议。

附录：如果需要，可以提供额外的数据或信息作为附录。

（2）合同

合同规定了双方的权利和义务。在撰写合同时，应该注意以下几点：

标题页：包括合同名称、日期、双方当事人信息。

引言：简要介绍合同的目的和范围。

条款：详细列出合同条款，包括产品或服务的描述、价格、交付方式、质量标准、保险等。

法律条款：明确适用法律和争议解决方式。

签字和日期：双方当事人签字并注明签署日期。

附件：如果需要，可以提供与合同相关的文件或信息作为附件。

在撰写商业报告和合同时，应该使用正式、专业和法律化的语言和措辞，以确保信息的清晰和一致性。同时，也应该注意格式和内容的规范性，以确保合同的合法性和有效性。

3. 电子文档处理

教授如何使用文字处理软件（如 Microsoft Word）进行商务文书写作。

文字处理软件可以帮助我们创建、编辑和管理商务文书。下面是一些教授如何使用 Microsoft Word 进行商务文书写作的建议。

了解软件的功能和使用方法。熟悉 Microsoft Word 的基本功能和使用方法，如创建文档、插入文本、插入图片、调整格式等。

制订写作计划。在开始写作之前，制订一个明确的写作计划，包括要写的内容、格式要求、时间安排等。这将有助于确保文档的清晰性和一致性，并提高写作效率。

使用模板。Microsoft Word 提供了许多预制的文档模板，可以快速创建专业化的文档，根据需要选择适合的模板来提高写作效率。

检查拼写和语法错误。使用 Microsoft Word 中的拼写和语法检查功能来确保文档的准确性。这将避免一些常见的错误，从而提高文档的质量和可读性。

（四）如何将语言能力与商务知识相结合，提高学生的商务沟通能力

为了将语言能力与商务知识相结合，提高学生的商务沟通能力，可以采取以下措施。

1. 实践教学。组织学生进行模拟商务场景的对话练习，如商务谈判、商务会议等。通过这种实践教学，学生可以在真实的商务环境中运用语言能力，提高他们的语言运用能力和商务沟通技巧。同时，教师也可以根据学生的表现给予及时的反馈和指导。

2. 案例分析。分析真实的商务案例，让学生了解不同商务场合的语言运

用和沟通技巧。通过案例分析，学生可以更好地理解商务沟通的实际情况，加深对商务知识的理解。同时，教师也可以引导学生从案例中总结出一些通用的商务沟通技巧，以便他们在未来的工作中能够更好地应用。

3. 团队协作。鼓励学生参与团队协作，共同完成商务文书写作和谈判任务。通过团队协作，学生可以培养他们的团队合作能力和沟通能力。在完成任务的过程中，他们需要相互协作、沟通、协商，从而更好地理解商务沟通的重要性。

4. 定期评估。定期对学生的商务沟通能力进行评估，及时发现问题并给予指导。通过定期评估，教师可以了解学生的进步情况，并及时给予反馈和指导，帮助学生不断提高他们的商务沟通能力。

5. 拓展阅读。推荐相关的日语书籍和文章，让学生通过阅读了解更多的商务知识和语言运用技巧。同时，他们也可以从这些书籍和文章中获得一些实用的商务沟通技巧。

二、重视跨文化交际能力的培养

（一）不同国家和地区文化背景的介绍

商务日语专业的学生在跨文化交际中，需要了解并尊重不同国家和地区的文化背景。为了提高学生的跨文化交际能力，教师需要在教学过程中增加对不同国家和地区文化背景的介绍。这些内容包括但不限于以下方面。

1. 礼仪习俗

了解不同国家和地区的礼仪习俗，如餐桌礼仪、问候方式、礼物赠送等，有助于我们在商务交流中表现出更加得体的行为，同时也能更好地理解当地的文化和习惯。以下是一些常见的礼仪习俗。

餐桌礼仪。不同的国家和地区有不同的餐桌礼仪，如使用餐具的方式、是否需要用餐巾、是否需要敬酒等。

问候方式。在不同的场合和关系中，问候的方式和时间也有所不同。如在商务场合中，握手是一种常见的问候方式；而在亲密关系中，拥抱和亲吻等肢体接触可能会更加常见。

礼物赠送。在赠送礼物时，需要考虑到接受者的喜好和地位，同时也要注意礼物的价值和意义。一般来说，送礼物的频率和数量不宜过多，以免给人留下过于功利的印象。

在商务交流中，了解并尊重当地的礼仪习俗是非常重要的，这有助于建立良好的人际关系，促进商务合作的成功。

2. 传统文化

不同国家和地区的传统文化因其历史、文化和社会背景的不同而有所差异。了解不同国家和地区的传统文化，可以帮助我们更好地理解当地人的行为和决策，从而更好地与之相处和合作。以下是一些常见的传统文化表现。

尊重长辈。在许多亚洲国家和地区，尊重长辈是传统文化美德，因此在商务交流中需要注意尊重对方的身份和地位。

重视家庭。在东方文化中，家庭被视为最重要的社会单位之一，因此在商务交流中需要注意维护与家人和朋友的关系。

追求成功。在许多西方国家，追求成功和自我实现被视为一种重要的价值观，因此在商务交流中需要表现出自信、进取和敢于冒险的精神。

在商务交流中，尊重对方的传统文化并表现出与之相符的行为和态度，有助于建立良好的合作关系。

3. 历史背景

了解不同国家和地区的政治、经济、社会历史背景，可以帮助我们更好地理解该地区的商务惯例和行为。以下是一些常见的历史背景。

政治环境。不同国家和地区的历史政治环境不同，这会影响到商务合作的环境和风险。了解当地的政策法规，可以帮助我们更好地预测和应对可能出现的风险。

经济状况。不同国家和地区的经济发展水平不同，这会影响到商业活动的可行性和收益。了解当地的经济发展状况和产业结构，可以帮助我们更好地制订商业计划和决策。

社会文化。不同国家和地区的社会文化背景不同，这会影响到商务交流的方式和效果。了解当地的文化习惯和礼仪习俗，可以帮助我们更好地适应当地的环境并建立良好的人际关系。

（二）通过跨文化交际能力的培养，开拓学生的国际视野和提高学生的商务沟通能力

通过以上两个方面的教学内容，我们可以进一步开拓学生的国际视野和提高他们的商务沟通能力。具体措施包括如下方面。

1. 实践机会。提供更多的实践机会是提高跨文化交际能力的关键。我们可以通过模拟商务谈判、商务会议等活动，让学生在实践中学习如何与来自不同文化背景的人进行有效沟通。这些活动可以由教师或专业人士指导，以确保学生能够从中获得实际的经验和沟通技巧。

2. 小组讨论。小组讨论是一种非常有效的学习方式，可以帮助学生分享各自在不同文化和背景下的经历和感受。通过讨论，学生可以更好地理解和尊重不同文化，并学习如何与来自不同背景的人进行有效沟通和合作。我们可以通过组织小组讨论，鼓励学生积极参与，并给予他们足够的空间和时间来表达自己的观点和感受。

3. 案例分析。案例分析是一种非常有效的教学方法，可以通过分析成功的跨国商务案例来帮助学生了解如何在不同文化和背景下进行有效沟通和合作。这些案例可以包括跨国企业的成功经验、商务谈判的成功案例等。通过分析这些案例，学生可以学习到在不同文化和背景下如何建立信任、如何进行有效的沟通和协商、如何处理文化差异等问题。

4. 持续学习。跨文化交际能力是一种需要不断学习和提高的技能。我们可以通过提供相关的书籍、网站和课程等资源，鼓励学生持续学习有关跨文化交际的知识和技巧。这些资源可以包括在线课程、讲座、工作坊等，让学生有机会不断拓展自己的知识和技能，从而提高自己的跨文化交际能力。

三、培养具有国际视野的商务人才

（一）国际市场、国际贸易规则、国际商务法律法规的教学内容

对于商务日语人才的培养，要让学生了解国际市场的情况，熟悉国际贸易规则和国际商务法律法规。因此，教学内容应该包括以下方面。

1. 国际市场分析

在商务日语人才培养中，了解国际市场的情况是非常重要的。学生应该掌握国际市场的需求、竞争情况、发展趋势等，以便更好地把握市场动向。为了实现这一目标，教学内容应该包括以下方面。

（1）国际市场。介绍国际市场的概念、特点和发展趋势，帮助学生了解国际市场的整体情况。

（2）市场需求分析。分析不同国家和地区的市场需求，包括消费者偏好、购买力、消费习惯等，以便学生能够更准确地把握市场动向。

（3）竞争情况分析。介绍国际市场的竞争格局，包括竞争对手、市场份额、竞争优势等，帮助学生了解市场上的竞争情况。

（4）发展趋势分析。分析国际市场的未来发展趋势，包括新技术、新业态、新模式等，以便学生能够更好地适应市场变化。

通过学习上述内容，学生可以更好地了解国际市场的需求和竞争情况，从而更好地把握市场动向，为未来参加商务活动打下坚实的基础。

2. 国际贸易规则

国际贸易规则是商务日语人才必须了解的重要内容之一。学生应该熟悉 WTO（World Trade Organization）、GATT（General Agreement on Tariffs and Trade）、双边或多边贸易协定等国际贸易规则，以便更好地适应国际商务环境。为了实现这一目标，教学内容应该包括以下方面。

（1）国际贸易规则。介绍国际贸易规则的概念、特点和作用，帮助学生了解国际贸易规则的整体情况。

（2）WTO 规则。介绍 WTO 的基本原则、成员国权利和义务等，帮助学

生了解 WTO 的运作机制和规则。

（3）双边或多边贸易协定。介绍不同国家之间的双边或多边贸易协定，包括协定的内容、签署背景、对双方的影响等。

（4）国际贸易争端解决机制。介绍国际贸易争端解决机制的相关规则和程序，帮助学生了解解决贸易争端的方法和途径。

通过学习上述教学内容，学生可以了解国际贸易规则和惯例，能够更加适应国际商务环境，并在未来的商务活动中规避风险、维护自身利益。

3. 国际商务法律法规

在国际商务活动中，了解相关的国际商务法律法规是非常重要的。学生应该掌握与商务活动相关的国际法律法规，如《中华人民共和国知识产权法》、《中华人民共和国民法典》中关于合同的规定、《中华人民共和国反垄断法》等，以便更好地维护自身权益。为了实现这一目标，教学内容应该包括以下方面。

（1）《国际商务法律法规》。介绍国际商务法律法规的概念、特点和作用，帮助学生了解国际商务法律法规的整体情况。

（2）《中华人民共和国知识产权法》。介绍知识产权的基本概念、保护范围和相关法律制度，帮助学生了解知识产权在国际商务活动中的重要性。

（3）《中华人民共和国民法典》中关于合同的规定。介绍合同的基本概念、签订程序和相关法律制度，帮助学生了解合同在国际商务活动中的重要作用。

（4）《中华人民共和国反垄断法》。介绍反垄断的基本概念、相关法律制度和执法机构，帮助学生了解反垄断在国际商务活动中的意义和影响。

通过学习上述内容，学生可以了解国际商务活动的法律风险，维护自身权益，并在未来的商务活动中规避风险、合法合规地开展业务。

（二）如何通过培养学生的国际视野，提高学生的国际化战略意识和能力

为了培养学生的国际视野，提高学生的国际化战略意识和能力，可以采

取以下措施。

1. 引入多元文化教育

在教学中引入多元文化教育，让学生了解不同国家的文化、风俗、习惯等，增强学生的跨文化交际能力。这可以通过开设跨文化沟通课程、邀请不同国家的学生或教师分享他们的文化背景和经历、组织文化交流活动等方式实现。通过这种方式，学生可以更好地理解不同文化之间的差异，提高他们的跨文化适应能力。

2. 组织国际交流活动

组织学生参加国际交流活动，如商务洽谈、商务考察、国际会议等，让学生亲身感受国际商务环境，提高国际化战略意识。这可以通过学校或企业组织的海外实习、交换生项目、国际会议志愿者等方式实现。通过这种方式，学生可以了解国际商务活动的运作方式、交流技巧和商业规则，提高他们的国际化战略意识和能力。

3. 建立国际化课程体系

建立国际化课程体系，引入国际商务课程和语言课程，以提高学生的语言能力和跨文化交际能力。这可以通过开设国际商务、国际贸易、商务谈判、跨文化沟通等课程，以及引入英语、法语、西班牙语等外语课程来实现。通过这种方式，学生可以系统地学习国际商务知识和语言能力，为未来的国际化发展打下基础。

4. 培养学生的创新能力

鼓励学生参加各种创新活动，如创业计划、科研项目等，培养学生的创新意识和创新能力，以便学生能够在国际舞台上更好地发挥自己的优势。这可以通过设立创新实验室、创业孵化器、参加各类创新比赛等方式实现。通过这种方式，学生可以发挥自己的创造力，开发新产品或服务，从而提高自己的竞争力。

5. 提供实习机会

提供实习机会，让学生在实际工作中了解国际商务环境，提高国际化战略意识和能力。这可以通过与跨国企业合作、建立实习基地等方式实现。通过这种方式，学生可以在实际工作中了解到国际商务活动的运作方式、沟通技巧和商业规则，以提高他们的国际化战略意识和能力。

四、课程内容与时俱进，反映行业发展动态

（一）商务日语词汇的更新和补充

随着国际贸易的不断发展，新的商业模式不断涌现，这些模式需要新的词汇来描述和表达。因此，教师应不断关注商务领域的最新发展，及时了解、掌握、引入新的商务词汇，从而帮助学生更好地理解和应用商务日语。

教师应结合学生的实际需求及时更新和补充商务日语词汇，使学生能够在不同文化背景中更高效地进行商务沟通。

教师可以通过多种方式更新和补充商务日语词汇，如阅读商务文章和书籍、参加行业会议、与同行交流，利用商务日语词典、在线课程等在线资源，以获取最新的商务日语词汇。

（二）商务案例的引入和讨论

1. 帮助学生更好地理解商务环境

通过引入商务案例，学生可以了解不同商务情境下的语言运用，深入了解商务环境，掌握商务日语在实际场景中的应用。这些案例可以含盖各种商务活动，如谈判、合作、销售、市场推广等，帮助学生更好地理解商务活动的特点和发展趋势。

2. 提高商务日语应用能力

通过案例分析，学生可以学习到不同的商务情境下如何使用日语进行交流和沟通。这些案例不仅包括日常商务交流，还包括商务谈判、商务文书写作等高级商务日语的应用。通过案例分析，学生可以更好地掌握商务日语的实际应用，提高他们的商务日语应用能力。

3. 引导学生从不同角度思考问题

通过案例分析的讨论环节，教师可以引导学生从不同的角度思考问题，提高他们的分析能力和沟通能力。在讨论过程中，学生可以提出自己的观点和看法，与其他同学进行交流和讨论，共同探讨问题的解决方案。这种讨论方式不仅可以提高学生的思考能力，还可以培养他们的团队协作精神和沟通能力。

4. 增加课程实践性和互动性

引入商务案例分析不仅可以帮助学生更好地理解和应用商务日语，还可以增加课程的实践性和互动性。通过讨论环节，学生可以更加深入地了解案例的内容和背景，进而提高他们的学习兴趣和参与度。此外，通过模拟商务情境进行角色扮演和互动交流，学生还可以提高他们的实际应用能力和团队协作能力。

5. 促进教师和学生之间的交流和互动

引入商务案例分析还可以促进教师和学生之间的交流和互动。教师可以通过案例分析引导学生发现问题、分析问题和解决问题，从而更好地了解学生的学习情况和需求。同时，学生也可以向教师提出自己的问题和建议，促进教师教学水平的提高和改进。这种交流和互动可以增强师生之间的信任和合作，从而提高教学效果和质量。

（三）商务谈判技巧的更新和补充

1. 跨文化谈判技巧

随着全球化进程的加快，商务谈判中涉及的文化差异也越来越明显。因此，了解不同文化背景下的谈判风格和习惯是非常重要的。教师需要向学生介绍跨文化谈判技巧，如尊重对方的文化传统、避免使用过于直接的语言、注意非语言沟通等，以便更好地与不同文化背景的客户和合作伙伴进行交流和谈判。

2.心理分析技巧

在商务谈判中，了解对方的心理状态和需求是非常重要的。教师需要向学生介绍心理分析技巧，如观察对方的肢体语言、语气和表情等，以便更好地了解对方的真实意图。同时，教师还需要引导学生学会如何控制自己的情绪和态度，以便更好地应对谈判中的各种挑战和压力。

3.谈判策略的更新

随着市场环境的变化，商务谈判策略也需要不断更新。教师需要向学生介绍最新的谈判策略，如合作共赢、利益共享等，以便更好地适应市场变化和客户需求。同时，教师还需要引导学生了解不同行业的市场特点和发展趋势，以便更好地制定谈判策略。

4.模拟谈判的组织和实践

组织学生进行模拟谈判是非常重要的，可以帮助他们在实际场景中运用所学知识，并不断提高自己的谈判技巧。教师可以组织学生进行小组模拟谈判，也可以安排一些商务模拟谈判课程，让学生在模拟环境中锻炼自己的谈判技能。此外，教师还需要鼓励学生积极参与课外实践，并在实践中不断总结经验和教训，不断完善自己的谈判技巧。

（四）课程内容更新和调整，反映行业的发展动态和趋势，提高学生的适应能力

1.关注行业动态，调整教学内容

商务日语课程应密切关注行业的发展动态，及时调整教学内容以适应市场需求。教师需要定期收集行业信息，了解最新的商务日语应用场景、术语和沟通技巧。这样，学生可以在课程中学习到最新的商务知识和技能，为其未来的职业生涯做好准备。

2.提高学生适应能力，培养应变能力

商务环境瞬息万变，学生需要具备适应不断变化的市场需求的能力。通过更新课程内容，教师能够提供更具实用性和灵活性的教学内容，使学生更

好地应对行业的发展和变化。教师还可以通过引入案例分析、项目实践等多元化的教学方法，来培养学生的应变能力和团队合作精神。

3. 培养跨文化交际能力

商务日语课程应注重培养学生的跨文化交际能力，以便他们能够在不同文化背景下进行有效沟通。课程内容应涉及不同国家和地区的商务文化、礼仪和沟通技巧，帮助学生了解并尊重不同文化背景的沟通对象，提高他们的跨文化交际能力。

4. 引入新技术和新方法

随着科技的发展，新技术和新方法在商务领域的应用越来越广泛。商务日语课程应与时俱进，引入新兴技术如人工智能、大数据等，帮助学生掌握最新的商务日语应用技能。教师还可以利用在线教学平台和数字化资源，为学生提供丰富的学习资源和互动机会。

5. 增强实践性和实用性

商务日语课程应注重实践性和实用性，教师应为学生提供真实的商务场景和案例，帮助他们将理论知识更好地应用于实际工作中。教师还可以通过组织实践活动、模拟商务谈判、商务信函写作等项目，使学生更好地了解商务日语在实际工作中的应用。

参考文献

[1] 王延红. 基于职业能力培养的对分课堂教学模式在商务日语课程中的应用 [J]. 西部素质教育, 2023, 9（24）：86-89.

[2] 陈依偲. 论日语人才培养中"语商融合"能力构建 [J]. 大学, 2023（34）：42-45.

[3] 李春雨. 论商务日语在化工企业对外贸易中的应用 [J]. 塑料工业, 2023, 51（11）：187.

[4] 冯伟洲. 独立学院商务日语专业跨文化交际能力培养的策略研究 [J]. 国际公关, 2023（17）：173-175.

[5] 范莉."双创"模式下高职商务日语专业课程思政建设路径研究 [J]. 现代职业教育, 2023（23）：129-132.

[6] 钱犇. 国际公关背景下如何开展商务日语教学工作 [J]. 国际公关, 2023（10）：136-138.

[7] 董海礁, 赵丽雯, 王凤莉. 大学生财经素养教育融入商务日语课程思政教学实践探究 [J]. 河南教育（高等教育）, 2023（05）：83-84.

[8] 文毅恒. 新文科背景下商务日语口译课程改革路径探析 [J]. 大学, 2023（11）：149-152.

[9] 高远. 高职商务日语专业情境式教学策略探讨 [J]. 现代商贸工业, 2023, 44（09）：38-40.

[10] 张旦华. 日语学习者声调习得情况调查——以高职商务日语专业学生为例 [J]. 科教导刊, 2023（07）：146-148.

[11] 吴菲. 人工智能（AI）在商务日语教学中的应用探析 [J]. 科技视界, 2023（05）：133-136.

[12] 钱犇 . 职业院校商务日语专业核心课程设置的问题及对策研究 [J]. 中国多媒体与网络教学学报 (中旬刊), 2023 (02)∶58-61.

[13] 蓝媚 . 基于 "1+X" 证书制度的 "日式会计" 课程设计探索与实践——以广东省外语艺术职业学院为例 [J]. 广东职业技术教育与研究, 2023 (01)∶118-122.

[14] 段丽娟 . 高职院校商务日语口笔译课程标准的探索 [J]. 科教导刊, 2023 (03)∶62-64.

[15] 杨维波, 杨林生 . 基于 "语商融合" 的高职院校商务日语人才培养改革研究 [J]. 职业教育研究, 2022 (12)∶46-50.

[16] 孙淼, 金香兰 . 翻译适应选择论视角下的商务日语口译策略研究 [J]. 文化创新比较研究, 2022, 6 (30)∶35-38.

[17] 韩冰 . 商务日语课程线上线下混合式教学模式研究 [J]. 牡丹江教育学院学报, 2022 (09)∶79-81.

[18] 李艳 . 以学生为主体的 PDCA 循环在高职日语精读课程中的应用——以深圳职业技术学院为例 [J]. 职业技术, 2022, 21 (09)∶66-72.

[19] 冯涛 . "双创" 模式下高职商务日语专业 "课程思政" 建设研究 [J]. 品位·经典, 2022 (15)∶130-132.

[20] 向海青 . 基于 SPOC 的商务日语课程翻转课堂教学模式研究 [J]. 科教导刊, 2022 (22)∶115-118.